Karl Jürgens

Etymologisches Lehnwörterbuch der deutschen Sprache

Karl Jürgens

Etymologisches Lehnwörterbuch der deutschen Sprache

ISBN/EAN: 9783744606516

Hergestellt in Europa, USA, Kanada, Australien, Japan

Cover: Foto ©Andreas Hilbeck / pixelio.de

Weitere Bücher finden Sie auf **www.hansebooks.com**

Etymologisches Lehnwörterbuch

der

deutschen Sprache

von

Karl Jürgens.

Braunschweig,
Verlag von Harald Bruhn.
1877.

Vorrede.

Unter deutschen Lehnwörtern werden hier diejenigen Ausdrücke unserer Muttersprache verstanden, welche zwar fremder Abstammung sind, sich aber nach Schreibung, Biegung und Aussprache ihres ausländischen Gewandes so vollständig entkleidet haben, daß sie bei einer meistens allgemeinen Verbreitung ihre ursprüngliche Herkunft kaum noch erkennen lassen und erfahrungsmäßig selbst unter Gebildeten von mehr als gewöhnlicher Sprachkunde für rein einheimische Wortbildungen gehalten werden. Es dürfte daher eine Zusammenstellung dieser eingebürgerten Fremdlinge unter Angabe ihrer Ableitung Allen sehr willkommen sein, welche, ohne eigentliche Fachstudien zu treiben, doch eine gründliche Kenntniß der deutschen Sprache erstreben. Und dieser Voraussetzung verdankt die vorliegende Arbeit, welche besonders unter Schulpräparanden, Seminaristen, Volksschullehrern und in ähnlichen Kreisen zahlreiche Freunde zu finden hofft, ihr Entstehen. Wenn auch mancher Ausdruck eine Aufnahme gefunden hat, dem das eine oder das andere Merkmal eines vollständigen Lehnwortes fehlt, so wird daraus dem Büchlein, welches in seiner äußeren Einrichtung meinem

Fremdwörterbuch*) ganz entspricht, kaum ein Vorwurf gemacht werden können; andererseits darf auch auf gütige Nachsicht gerechnet werden, wenn einmal ein wirkliches Lehnwort übergangen sein sollte**).

Der Verfasser.

---

*) Neues etymologisches Fremdwörterbuch mit Bezeichnung der Betonung und Aussprache. München. Theodor Ackermann.

**) In gleichem Verlage mit dem vorliegenden Werkchen und von demselben Verfasser erschien: Etymologisches Fremdwörterbuch der Pflanzenkunde mit besonderer Berücksichtigung der deutschen Flora.

A.

Ab, *althochd.* ab, aba, *goth.*, *angelsächs.*, *dän.*, *schwed.*, *holländ.*, *niederdeutsch* af — vom *lat.* a, ab oder abs (verwandt mit gleichbedeut. *griech.* apó [ἀπό], *sanskr.* apa), von, weg; — von —weg, weg. **Abend,** m., der weggehende =, abnehmende Tag.

Abenteuer, m., Plur. gleichlaut. *mittelhochd.* aventiure, *franz.* aventure, spr. awangtühr, *provenz.* und *span.* aventura, *mittellat.* adventúra, — vom *lat.* advéntus, a, um, part. perf. (adventum, 1. supin.) von advenire (ad, nach, zu, an, auf, gegen, bei ꝛc.; venire, kommen, wohin gelangen, = gerathen), herzu=, an=, heran=, hinkommen; — etwas Ankommendes, Jemand Zustoßendes, ein mit gesuchten Gefahren verbundenes Vorkommniß (besonders im altritterlichen Zweikampf), ein seltsames Ereigniß, eine wunderbare Begebenheit, ein gewagtes Unternehmen.

Aberraute, Aeberrute, s. Eberraute.

Abt, m., Plur. **Aebte,** — vom *lat.* ábbas, gen. =bátis, *griech.* abba (ἀββᾶ), *chald.* abba; Vorsteher eines Klosters oder eines klösterlichen Stiftes.

Achse, f., Plur. =fen, *angelsächs.* eax, *althochdeutsch* ahsu, *franz.* axe, spr. als, *lat.* axis, *griech.* axōn (ἄξων), die Stange oder Linie, um welche sich ein Rad, eine Kugel ꝛc. dreht.

Achsel, f., Plur. =seln, *angelsächs.* eaxl, *althochdeutsch* ahsala (vergl. Achse), *lat.* axilla = Schulter, d. i. der Körpertheil zwischen Brustkasten und Oberarm.

Acht, *goth.* ahtau, *altsächs.* ahtô, *althochdeutsch* ahto, *dän.* otte, *lat.* octo, *griech.* oktō (ὀκτώ), *sanskr.* ashtan, ashtan, die zwischen 7 und 9 liegende Zahl.

Acker, m., Plur. **Aecker,** *angelsächs.* aecr, *althochdeutsch* achar, *dän.* = *lat.* ager, *griech.* agrós (ἀγρός), ein (landwirthschaftlich) bebautes Feld, bewirthschaftetes Land, auch ein Feldmaß (vergl. das in diesem Sinne gleichbedeut. *franz.* und *engl.* acre, spr. bezw. aker, äker).

Ackerwurz, f., *lat.* ácorus oder =rum, *griech.* ákoros (ἄκορος) = Kalmus, s. d.

Ackelei, Akelei oder Aglei, m., *neulat.* aquilegia, — vom *lat.* aquilegus, a, um (aqua, Wasser; legere, sammeln, suchen), Wasser suchend, = ziehend; — eine (auf feuchten Stellen) in Wäldern und Waldwiesen wachsende Pflanze.

Ade, *franz.* adieu, spr. abjöh, — à, *franz.*, *lat.* ad, zu, an, nach ꝛc.; dieu, *lat.* deus, *griech.* theós (Θεός), Gott (vergl. Díos [Διός], gen. von Zeus [Ζεύς]), — Gott befohlen, lebe =, lebt =, leben Sie wohl.

Ahn, m., Plur. **Ahnen,** vom *althochd.* ano, ana (*lat.* avus, Großvater, Vorfahr; vergl. auch *lat.* anus, die alte Frau), Großvater, =mutter; — Vorfahr(en), (Plur.) die Voreltern **Enkel,** m. = **Aenkel** = **Aehnkel** = **Ahnkel,** Kindeskind.

Jürgens, Lehnwörterbuch. 1

Alabaſter, m., *griech.* alábastros, m. und f., ober - stron, u. (ἀλάβαστρος, -στρον), ein ſchneeweißer Gips (die alten Griechen bereiteten daraus ober aus einer ähnlichen Steinart eine Salbenbüchſe ohne Henkel [a-labḗ, α-λαβή] und benannten darnach das Mineral ſelbſt).

Alant, m., Plur. -lante, *span.* und *portug.* ala (verberbt aus), *lat.* inula, eine zur Familie der Korbblüther gehörige Pflanze.

Alaun, m., *niederd.* aluhn, *franz.* alun, ſpr. alöng, *lat.* alumen, ein ſchwefelſaures Salz.

Alb, f., Nebenform von Alp, ſ. d.

Albe, f., Plur. -ben, — vom *lat.* albus, a, um, *griech.* alphós (ἀλφός), ein weißer Fleck auf der Haut und gleich angós, ó, ón (ἀργός, ή, όν), weiß; — eine Art Weißfiſch, das weiße Meßgewand der katholiſchen Prieſter. **Alben**, m. ober f., eine Kalkerbe.

Alkoven, m., Plur. gleichlaut., *franz.* alcôve, ſpr. -kohw, *ital.* alcova, *span.* -ba, — wahrſcheinlich vom *arab.* al, beſt. Artikel, und gobbah, Gewölbe, Zelt; Andere halten das Wort deutſchen Urſprungs, indem ſie es auf Koben zurückführen; — ein gewöhnlich durch einen Vorhang ober durch Schiebthüren von einer Wohnſtube abgetrennter, mit einem Bett verſehener Raum, Bettverſchlag, kleines Schlafgemach, Schlafzimmerchen.

Allee, f., Plur. -léen, *franz.* allée, — allé, ée, part. perf. von aller, ſpr. alleh (vielleicht vom *lat.* ambulare [dim. von ambire (ambi, *griech.* amphi [ἀμφί], um, ringsum, herum, umher; ire, gehen), herum-, einhergehen ꝛc.], herumgehen, -wandern, -laufen ꝛc.), gehen; — eigentlich ein Gang, bei uns nur ein an den Seiten regelmäßig in Reihen mit Bäumen bepflanzter Weg, Baumgang, -weg, -ſtraße.

Almoſen, n., Plur. gleichlaut., — vom *griech.* eleēmosýne (ἐλεημοσύνη), Mitleib, Erbarmen, Unterſtützung (der Armen); eleēmōn (ἐλεήμων), mitleibig, barmherzig, wohlthätig; eleéō (ἐλεέω), bemitleiden, Mitleid haben, bedauern; éleos (ἔλεος), Mitleid, Erbarmen; — eine milde Gabe an einen Armen, beſonders an einen Bettler.

Alp, f. (auch Alb), Plur. **Alpen**, *lat.* Alpes, Sing. und Plur., — nach Einigen von alpus, *sabinisch* für albus, ſ. Albe; nach Andern von *gael.* alpa (alp, hoch), die Höhe, der Berg; ein Schnee- oder Hochgebirge, beſonders das höchſte Gebirge Europa's in der Schweiz mit ſeinen Ausläufern nach Italien und Oeſterreich. **Alp**, m., — wahrſcheinlich von alpa, ſ. o.; — ein aus der Höhe kommendes -, ein höheres Weſen, beſonders ein ſolches, welches einen Schlafenden (mit Alpenlaſt) brückt.

Alt, m, *ital.* alto, — vom *lat.* altus, a, um (als part. perf. pass.), von alere [verwandt mit *griech.* áltho, álthéo, althaíno (ἄλθω, ἀλθέω, ἀλθαίνω), heilen, abhelfen, -wehren, beiſtehen], nähren, ernähren, unterhalten, er-, auf-, großziehen, pflegen), durch Ernährung ꝛc., groß geworden ꝛc., (als adject.) groß, hoch erhaben; — bie hohe Mittelſtimme, zweite Singſtimme. **Altan**, m., Plur. -täne, *ital.* altana, f., eine Erhöhung, ein erhöhter Vor-, Ausbau, -tritt bei einem Hauſe, ein Söller. **Altar**, m., Plur. -täre, *lat.* altár, altáre ober altárium, n., plur. -tária, urſprünglich der Aufſatz auf dem Opfertiſche zum Verbrennen der Opferthiere, der Opferheerd, jetzt ber (erhöhte) Kirchentiſch, an welchem das Abendmahl [nach katholiſchem Lehrbegriff ein Opfer] ertheilt und empfangen wird).

Althee, f., Plur. -théen, *lat.* althaéa, *griech.* althaía (ἀλθαία) (von altho, ſ. Alt), die wilde Malve, Eibiſch, Sammetpappel (althaea officinalis).

Amarelle, f., Plur. -rellen, — vom *lat.* amárus, a, um, bitter, herbe; — eine Art Sauerkirſche.

Amazone, f., Plur. -zonen, *franz.* ſpr. -ſohn, *lat.* Amázon, *griech.*. Amazṓn (Ἀμαζών) — nach Einigen von a (ἀ), Verneinungspartikel, und mazós (μαζός), Bruſt (weil nach der Sage die unter dem Namen Amazonen bekannten kriegeriſchen Weiber des Alterthums, welche einen männerloſen Staat gebildet und die rechte Bruſt zerſtört haben ſollen, um durch dieſelbe nicht am Schießen behindert zu werden; wahrſcheinlicher iſt die Ableitung vom *hebr.* ama, ſtark ſein; — ein männliches Weib, kriegeriſches Frauenzimmer, Mann=, Heldenweib.

Amfibie, f., *franz.* amphibie (m.), ſpr. angſibih, *neulat.* amphibium, n. (animal), *griech.* amphibion (zóon, Thier) ($\dot{\alpha}\mu\varphi\iota\beta\iota o\nu$ [$\zeta\omega o\nu$]), — amphibius, a, um, *neulat.*, *griech.* amphibios, on (amphi, Grammatikalform von ámpho [$\check{\alpha}\mu\varphi\omega$], beide; bios [$\beta\iota\acute{o}\varsigma$], Leben), beid=, zwei=, doppellebig, b. i. im Waſſer und auf dem Waſſer lebend; — ein Thier, welches im Waſſer und auf dem Lande leben kann.

Amme, f., Plur. =men, *althochd.* amma, *span.*, *portug.* ama, — entweder eine Verkürzung von mamma, ſ. b., oder durch eine Umſtellung der Buchſtaben aus *hebr.* gleichbedeut. aem (aman, ernähren, erziehen, pflegen) entſtanden; — Säugefrau, =mädchen, Säugerin, b. i. eine Perſon, welche ſtatt der Mutter einen Säugling ernährt.

Ammi, m., *lat.* und *griech.* ämmi ($\check{\alpha}\mu\mu\iota$), ein Doldengewächs.

Amorelle = Amarelle.

Ampel, f., Plur. =peln, — vom *lat.* ampulla (dim. von ámphora, *griech.* amphoreús [$\dot{\alpha}\mu\varphi o\varrho\epsilon\acute{v}\varsigma$] [verkürzt aus amphi-phoreús ($\dot{\alpha}\mu\varphi\iota$-$\varphi o\varrho\epsilon\acute{v}\varsigma$) (amphi, ſ. Amfibie; phoreús [$\varphi o\varrho\epsilon\acute{v}\varsigma$] [phoréō ($\varphi o\varrho\acute{\epsilon}\omega$) = phérō ($\varphi\acute{\epsilon}\varrho\omega$), tragen] Träger), ein auf beiden Seiten getragenes, alſo zweihenkeliges, größeres Gefäß, ein Gefäß mit zwei Henkeln, ein kleineres zweihenkeliges Gefäß zum (Umher=) Tragen; — eine Hängelampe.

An, *angelſächs.* an, *althochd.* ána, *griech.* aná ($\dot{\alpha}\nu\dot{\alpha}$), *sanskr.* anu (verwandt mit in, ſ. b.), Präpoſition namentlich zur Bezeichnung eines Orts- und Zeitverhältniſſes.

Anekdote, f., Plur. =dóten, *franz.* anecdote, ſpr. =boht, — *griech.* anékdotos, on ($\dot{\alpha}\nu\acute{\epsilon}\kappa\delta o\tau o\varsigma$, $o\nu$) (an. Verneinungspartikel; ekdotos, on [ek, aus ꝛc.; dotos, ē, on (von dóō [$\delta\acute{o}\omega$], veraltete Stammform von didōmi [$\delta\acute{\iota}\delta\omega\mu\iota$], geben übergeben, erlauben, verſtatten ꝛc.), gegeben ꝛc.], ausgegeben, =geſtattet, =geliefert ꝛc.), nicht herausgegeben, nicht bekannt gemacht (von Schriften); — eigentlich eine noch nicht bekannt gemachte Geſchichte, überhaupt eine kleine ſcherzhafte Geſchichte, die ihren Reiz mit ihrer Neuheit verliert.

Angſt, f., Plur. Aengſten, *franz.* anxiété, ſpr. angſhieteh, *lat.* anxíetas, gen. =tátis, — von anxius, a, um (anxi, 1. Perſ. sing. perf. ind. act. von angere, *griech.* agchein [$\check{\alpha}\gamma\chi\epsilon\iota\nu$], ſpr. achein, engen, ſchnüren, beſonders die Kehle würgen), ängſtlich, angſtvoll, unruhig, beſorgt, verdrießlich, ärgerlich; — ein beengendes =, beunruhigendes Gefühl, ein hoher Grad von Furcht.

Angel, f., Plur. =geln, — vom *lat.* ángulus, m. (vom Stamm ang, wovon auch angere, ſ. Angſt), Winkel, Ecke, Spitze, — der (einen Winkel ꝛc. bildende) Haken (Thür=, Fiſchangel).

Anis, m., *franz.* ſpr. aníh, *lat.* anisum, *griech.* ánison ($\check{\alpha}\nu\iota\sigma o\nu$), eine Schirmpflanze (Pimpinella anisum).

Anker, m., Plur. gleichlaut., *franz.* ancre, ſpr. angker, *engl.* ánchor, ſpr. ängkörr, *lat.* áncora, *griech.* ägkyra ($\check{\alpha}\gamma\kappa\upsilon\varrho\alpha$), ſpr. an=, ein zum Befeſtigen der Fahrzeuge geeigneter, mit Widerhaken verſehener, meiſtens aus Eiſen verfertigter, mittelſt eines Taus oder einer Kette an eine Winde befeſtigter Schiffstheil.

Anker, n., Plur. gleichlaut., *altfranz.* ancre, *mittellat.* anceria — eine weitere Ableitung iſt unermittelt; — ein Maß für Flüſſigkeiten.

Antilope, f., Plur. =pen, — verſtümmelt aus der *griech.* Wortbildung antholops ($\check{\alpha}\nu\vartheta o\lambda o\psi$) (anthos [$\check{\alpha}\nu\vartheta o\varsigma$], Blume, Blüthe; ops [$\check{o}\psi$] [optó ($\check{o}\pi\tau\omega$), ſehen], Auge), Blumenauge; eine zur Familie der Hohlhörner gehörige Thiergattung (nach der Schönheit ihrer Augen benannt).

Apriḳoſe, f., Plur. =ſen, *franz.* abricot, ſpr. =ko, *portug.* albricoque, *span.* albaricoque, *arab.* al-berqûq (al, beſt. Artikel), die Frucht des armeniſchen Pflaumenbaums (Prunus armenica).

April, m., *lat.* Aprilis (mensis, Monat), — wahrscheinlich von aperire, öffnen, zum Vorschein bringen; — der vierte Monat im Jahre (in welchem erstorbenes Leben wieder zum Vorschein kommt).

Arche, f., Plur. =chen, — vom *lat.* arca (*lat.* arcére [*griech.* arkéō (ἀρκέω), abwehren, =halten], ein=, verschließen, einhegen, abhalten, =wehren), Kasten, Kiste, Lade, Sarg, Gefängniß; — ein Kastenschiff (besonders des Noah). **Arke**, f., der Windkasten in der Orgel.

Arm, m., Plur. **Arme**, — vom *lat.* armus (und dieses vom *griech.* armós [ἁρμός] [árō (ἄρω), fügen, knüpfen, verbinden], Fuge, Zusammenfügung), das (eingefügte) Schulterblatt, der (eingelenkte) Oberarm; — ein Theil=, Oberglied des menschlichen Körpers und was dem ähnlich ist.

Armbrust, f., Plur. =brüste, *franz.* arbalète, [spr. =leht, *engl.* arbalist (neben arcubalist, letzt. spr. artjubällist], *althochd.* arbrest, arnbrest, arnbrust, — alle genannten Wortformen wurden verdreht aus *lat.* arcubal(l)ista (arcus, Bogen; ballista [vom *griech.* bállō (βάλλω), Ball], eine große bogenartige mit Stricken oder Sehnen gespannte Kriegsmaschine, mit welcher Steinmassen und andere schwere Geschosse fortgeschleudert wurden, eine Schleuder=, Wurfmaschine), eine mit einem Bogen versehene eigene Art der Ballifte; — eine aus Schaft, Kolben, Bogen und Sehne bestehende Schießwaffe, womit Pfeile oder Bolzen geschleudert werden, Flitz=, d. i. Pfeilbogen.

Armee, f., Plur. =méen, *franz.* armée (wobei etwa troupe, spr. truhp, Mannschaft zu ergänzen), — armé, ée, part. perf. von armer, spr. alles =meh, *lat.* armáre (arma, *lat.*, plur. Waffen, Rüstung), bewaffnen, rüsten; — die bewaffnete =, gerüstete Mannschaft, = Truppe, = Schaar, das Heer.

Artikel, m., Plur. gleichlaut. — vom *lat.* articulus (dimin. von artus, Gelenk, Glied; — Gelenk, Glied, Theil, Abtheilung, =schnitt, besonders jedes Hauptstück in einem der drei christlichen Glaubensbekenntnisse, Waarengattung, Geschlechtswort (gleichsam ein Glied vom Dingwort).

Artischoke, f., Plur. =ken, *ital.* articiocco, spr. =schocko, *arab.* ar'di schauki, — letzt. heißt wörtlich Erdborn; — ein zu den Korbblüthern gehöriges Distelgewächs (Cynara scolymus) und dessen Frucht(boden).

Arzt, m., Plur. **Aerzte**, — zusammengezogen aus Artist, *franz.* artiste, e stumm, *neulat.* artista (vom *lat.* ars, gen. artis [vom *griech.* árō (ἄρω), fügen, bereiten], ursprünglich die Fertigkeit, etwas zusammenzufügen, darnach Handwerk, Gewerbe, besonders Kunst, auch Wissenschaft), Künstler (ehedem besonders der Alchemist); — Heilkünstler, =kundiger.

Assel, f., Plur. **Asseln**, — vom *lat.* asellus (dimin. von ásinus, Esel; vergl. gleichbedeut. *griech.* oniskos [ὀνίσκος], dimin. von ónos [ὄνος]), kleiner Esel, auch ein leckerer Seefisch; — eine Familie der Schalenkrebse (von der einige Arten [namentlich die Kellerassel, =esel] eine graue [Esels=]Farbe haben).

Aster, f., Plur. =stern, *lat.* áster, m., *griech.* astér (ἀστήρ), m., eigentlich der Stern, das sternförmige Gebilde, dann (und im Deutschen ausschließlich) die (zu den Korbblüthern gehörige) Sternblume.

Athem, m., — vom *griech.* asthma (ἄσθμα) (áō [ἄω], wehen, blasen, hauchen, athmen), das schwere Athemholen; — die durch die Lunge eingezogene und ausgestoßene Luft, diese Thätigkeit der Lunge selbst.

Atlaß, m., Plur. =lasse, *arab.* und *pers.* atlas, — letzt. als Adjekt. = kahl, abgerieben; — ein glatter, glänzender Seidenstoff.

Attich, m., Plur. =che, *althochd.* attuh, =tuch, *lat.* acte, *griech.* aktḗ = aktéa (ἀκτή = ἀκτέα), Hollunder, Flieder.

Auch, *goth.* auk, — verw. mit *lat.* augére, *griech.* auxein (αὐξειν), vermehren; — ein zusammenstellendes Bindewort.

Auge, n., Plur. =gen, *niedersächs.* oog, letzt. Form führt auf gleichbedeut. *lat.* oculus, dimin. von ungebräuchl. ocus, *griech.* ókos, okkos (ὄκος, ὄκκος), etwas, durch das man sieht, das Sehorgan und was dem ähnlich ist.

August, m., *lat.* Augustus (mensis, Monat); — Angustus, a, um, den

(Kaiser) Augustus (augustus, a, um [augére, erhöhen, verherrlichen], erhaben, verherrlicht ꝛc.) betreffend; — der 8. (früher 6., mensis sextilis) Monat, Erntemonat (dem Kaiser Augustus zu Ehren benannt).

Aurikel, f., — vom *lat.* auricula (dimin. von auris, s. Ohr), Oehrchen, Ohrläppchen; — eine Art Schlüsselblume.

Auster, f., Plur. -stern, *lat.* óstrea oder -streum, *griech.* óstreon, -streion (ὄστρεον, -στρειον) — verw. mit ostéon [ὀστέον], Knochen; — eine Muschelart (nach ihren [knochen]harten Schalen benannt).

Axe = Achse, s. d.

Axt, f., *griech.* axinē (ἀξίνη), ein Werkzeug zum Hauen, ein großes Beil (der Zimmerleute, Schlachter ꝛc.).

B.

Bakel, m., Plur. gleichlaut., *lat.* báculus, m. und -lum, n. — letzt. Diminutivformen von einem nicht vorkommenden bacus oder -um, *griech.* báktron (βάκτρον) (von baō [βάω], Stamm von bainō [βαίνω], schreiten, gehen, bibázō [βιβάζω], gehen lassen, in Bewegung setzen; — Stab, Stock (ursprünglich als Stütze beim Gehen, jetzt ausschließlich als Werkzeug zum Prügeln, besonders in der Schule), Schulprügel, -stock.

Baldrian, m., Plur. -ane, *neulat.* valeriana, — vom *lat.* valére, sich wohl befinden, gesund -, stark -, vermögend sein, viel gelten ꝛc.; — eine zur Ordnung der Gehäusblüthigen gehörige Pflanzengattung und -art (welche früher in arzneilicher Beziehung in hohem Ansehen stand).

Balester, m., Plur. gleichlaut., *ital.* balestra, *mittellat.* -strum, — vom *lat.* ballista, s. Armbrust; — eine Armbrust, welche eine Kugel schießt.

Ball, m., Plur. Bälle, *franz.* bal, *ital.* ballo, — vom *griech.* ballizō (βαλλίζω) (bállō [βάλλω], werfen), oft hin- und herwerfen, hüpfen, tanzen; — Tanz, -gesellschaft, -fest. Anm. Das Wort Ball als kugelförmiger Körper (besonders zum Spielen) ist deutschen Ursprungs.

Ballast, m., — zunächst der engl. Sprache entlehnt und dort bälläst gesprochen, stammt es wahrscheinlich vom *kelt.* bal, *irisch.* beal, Sand, -bank, und lasd = last, Last, Schiffsladung; — die aus Sand, Steinen ꝛc. bestehende Schiffsbeschwerung, um bei leicht befrachteten oder leeren Fahrzeugen den nöthigen Tiefgang zu bewirken.

Balläster, m. = Balester, s. d.

Balsam, m., *ital.* und *span.* bálsamo, *lat.* -mum, *griech.* -mon (βάλσαμον), — vielleicht dem Arab. entlehnt, wo der Strauch, aus welchem Balsam gewonnen, balasán heißt; — ein flüssiges, wohlriechendes Harz der Salbenbäume (besonders des Balsamodendron myrrha, - Giliadense und - opobalsamum), ehemals für ein sehr wirksames (inneres und namentlich äußerliches) Heilmittel gehalten, daher auch bildlich für Linderung -, Trost gebräuchlich. **Balsamine**, f., Plur. -minen, *neulat.* balsamina, — *lat.* balsaminus, a, um, aus Balsam bestehend; — eine zur Familie der Springfrüchtler gehörige Pflanze, von welcher eine Art früher zu einem Wundbalsam verwendet wurde.

Balz, f., — vom *ital.* balzo (balzare [vom *griech.* ballizo, s. Ball], hüpfen, springen), Sprung; — Begattung(ssprung, -trieb).

Banier, f. s. d.

Bankerott, m., Plur. -rotte, *ital.* bancarotta, *span.* bancarota, *franz.* banqueroute, spr. bankruht, — der erste Bestandtheil ist das deutsche Bank, in der Bedeutung von Geld-, Wechselbank; rotto, a, *ital.* (dem die andern Formen nachgebildet sind), part. perf. pass. von rómpere (vom *lat.* rumpere, zerreißen, zersprengen ꝛc.), brechen, zerbrechen, zerschlagen; — der Bankbruch (hergenommen von der früheren italienischen Sitte, den zahlungsunfähigen und betrügerischen Geldwechslern die Bank zu zertrümmern), erklärte Zahlungsunfähigkeit, -unvermögen (besonders eines Geschäftsmannes).

Bansen = Panse, s. d.

Baracke, f., Plur. -racken, franz. baraque, spr. -rak, ital. baracca, span. barracca, — span. Etymologen leiten es vom arab. barracas, Fischerhütte, ab; — Hütte, Zelt, Feld-, Lagerhütte, -zelt, ein zur Wohnung für Soldaten eingerichtetes, langes, niedriges (hüttenartiges) Gebäude.

Barbar, m., Plur. -baren, franz. barbare, spr. -bahr, ital. barbáro, span. bárbaro, lat. bárbarus, griech. -ros (βάρβαρος), ursprünglich ein Ausländer, ein Fremder (ein Nichtgrieche und später ein Nichtrömer), darnach ein ungebildeter -, roher -, wilder -, grausamer Mensch, Unmensch, Wütherich.

Barbe, f., Plur. -ben, — barbe, franz. e stumm, barba, Bart (an Menschen, Thieren und Gewächsen); — eine Art der Weißfische (Barbus vulgaris).

Barbier, m., Plur. -biere, franz. spr. barbjeh, ital. barbiero, span. barbéro, Bartscheerer, -putzer.

Barde, m., Plur. -den, engl. bard, ital. und span. bardo, mittellat. bardus, kelt. bardd, — bar (wallis.), Muth, Begeisterung, (irisch-amorik.), ausgezeichnet, glänzend, gelehrt; — Sänger, Dichter.

Barke, f., Plur. -ken, franz. barque, spr. bark, ital., span. und mittellat. barca, — nach Einigen vom griech. báris (βάρις), ein ägyptisches Fahrzeug, ein Kahn (namentlich ein Leichen-, Todtenkahn, in welchem die Verstorbenen zur Ruhestätte gebracht wurden); Andere denken an altnord. barkr, ein aus Barke (Baumrinde) erbautes Fahrzeug; — ursprünglich ein Kahn, Nachen, Boot, jetzt aber ein großes, breimastiges Schiff.

Baron, m., Plur. -röne, franz. spr. barong, ital. barone (span. varon), mittellat. baro und barus; — der Ursprung dieser Wortformen ist zweifelhaft; man hat an baro oder varo gedacht, das im älteren Latein einen einfältigen Menschen, einen Tölpel, später einen Söldner bezeichnete, und an das althochd. bero (vom niederd. bären = lat. ferre = griech. phérein [φέρειν], tragen) Träger; wahrscheinlich wurzelt es aber im kelt. bar, baran, barwn (vergl. gleichbedeut. goth. vair, lat. vir), Mann (besonders der freie), der (freie) Krieger; — ursprünglich eigentlich wol der Mann (im Gegensatze zum Weibe), dann der freie Mann, der Freiherr.

Barsch, m., Plur. Bärsche, althochd. bersch, engl. perch, spr. pertsch, franz. perche, spr. persch, span. und lat. perca, griech. pérkē (πέρκη), ein zur Ordnung der Bruststachelflosser gehöriger Fisch.

Bart, m., Plur. Bärter, — eine Ableit. von barba, s. Barbe; — Haare im Gesicht (Backen-, Kinn-, Schnurr- [d. i. Schnauz]bart.

Baß, m., Plur. Bässe, franz. basse, e stumm, ital. basso, — bas, basse, franz., erst. spr. bah, basso, a, ital., bassus, a, um, mittellat. (verw. mit griech. bathýs, eia, ý [βαθύς, εια, ύ] [von bathós (βαθός), Tiefe], tief), niedrig, tief; — die niedrigste -, tiefste Singstimme bei Männern, Grundstimme, auch die Baßgeige.

Bastard, m., Plur. -starde, ital. und span. bastardo, mittellat. -tardus, — vom kelt. bas, boas, Hurerei, und tardd, Quelle, Ursprung; — ein unecheliches -, unechtes (ein Kebs-)Kind, ein Thier von ungleichartigen Eltern.

Bastei, f., Plur. -steien, ital. und mittellat. bastia, — vom ital. bastire (verw. mit griech. bastázō [βαστάζω], auf-, emporheben, tragen, stützen), bauen; — das Bollwerk einer Festung.

Batist, m., Plur. -tiste, franz. batiste, e stumm, altfranz. (toile, Leinwand) baptiste, — entweder vom lat. baptista, griech. baptistḗs [βαπτιστής] (baptizō [βαπτίζω] = báptō [βάπτω], tauchen, ein-, untertauchen, erst. in der Kirchspr. auch taufen), Untertaucher, Täufer (jetzt besonders Taufgesinnter, d. i. ein Verwerfer der Kindertaufe); oder von dem angeblichen Erfinder Baptiste Cambray, nach dessen Familiennamen der Batist auch toile de Cambray = Camertuch genannt worden sein soll; — ein feines, leinwandartiges Gewebe (welches nach der ersten Ableitung ursprünglich zu Taufkleidern verwandt worden sein soll).

Batte = Patte, s. d.

Batzen, m., Plur. gleichlaut. — vom *venetian.* bezzo (eine Verstümmelung aus battezzatore = battista = baptista, s. unter Batist), ein Geldstück mit dem Bildnisse des Täufers Johannes; — ehemals ein Geldstück (vier Kreuzer an Werth).

Bajonétt, n., Plur. -nétte, *franz.* baïonnette oder bayonnette, Schluß-e stumm, *ital.* bajoneta, *span.* bayonete, — nach der Stadt Bayonne (baya ona = guter Hafen), dem Ort der Erfindung dieser Waffe, benannt; — eine Stoßwaffe, welche, auf ein Gewehr gesteckt, gleichsam als Lanze dient.

Beest, Biest, n., Plur. -ster, *altfranz.* beste, *lat.* bestia, ein Thier, vernunftloses Wesen, ein unvernünftiger -, roher -, wilder -, thierischer Mensch.

Beete 1., f., *lat.* beta, eine zur Familie der Melden gehörige Pflanzenart, auch Bees-, Beißkohl und Mangold genannt (besonders beta vulgaris).

Beete 2., f., Plur. **Beeten, Beet,** n., Plur. **Beete,** *franz.* la (best. Art.) bête, spr. bäht, — bête, *altfranz.* beste, s. unter Beest; faire la bête, spr. sähr la bäht (faire = *lat.* facere, s. Fazit), labét machen; labét (in deutscher Umgangssprache gewöhnlich), beet (im Kartenspiel), verloren (wenn der Spieler die erforderlichen Stiche nicht gemacht hat), dem herkömmlichen oder verabredeten Verluste verfallen; — der festgesetzte Verlust für einen (Karten-)Spieler, welcher die erforderlichen Stiche nicht macht.

Benedeien, — verstümmelt aus *lat.* benedicere (bene [adv. vom veralt. bonus = bonus, a, um, gut, gültig, sein], gut, wohl ⁊c.; dicere [verw. mit *griech.* deiknymi ($\delta\varepsilon$ίκνυμι) (Stamm deikō [$\delta\varepsilon$ίκω]), zeigen, zum Vorschein bringen, (durch Worte) kund machen, anzeigen], sprechen, sagen, vorbringen, -tragen, ankündigen, befehlen, reden), (von Jemand Gutes) reden, ihn loben, lobpreisen, anbeten, segnen, etwas heiligen, weihen; — preisen, segnen. **Benefiz,** n., *franz.* bénéfice, spr. -fihß, *lat.* beneficium, — facere, s. Fazit; — Gut-, Wohlthat, Gefälligkeit, Gunstbezeugung, Rechtswohlthat, Gewinn, Vortheil, Nutzen ⁊c.

Berberize, f., Plur. -rizen, *neulat.* bérberis, *arab.* berbáris, Sauerdorn.

Bergamótte, f., Plur. -mótten, — wol nicht von Bergamo, einer Stadt in Italien, wie früher und noch von Manchen gemeint wird, sondern wahrscheinlich von dem gleichbedeutenden *türk.* begarmont, begarmódi oder begarmudi (beg, Herr, ein Titel für gewisse türkische Würdenträger; armaut, -mod, -mud, Birne; — Herren-, Fürstenbirne, eine sehr wohlschmeckende, saftreiche, aus der Türkei nach Italien gekommene und von da weiter verbreitete Birnenart.

Berle, f., Plur. -len, *lat.* bérula, eine Doldenpflanze.

Bertram, n. oder m., — verstümmelt aus *lat.* pýrethrum, *griech.* pýrethron (πύρεϑρον) (pyr [πῦρ], Feuer), dieselbe oder eine ähnliche Pflanze; — eine zur Familie der Korbblüther gehörige Pflanze (mit einem gelben Strahl), Mutterkrautfamilie (Matricaria - oder chrysanthemum parthenium).

Bete = Beete 2.

Bezirk, m., Plur. -zirke, — vom *lat.* circulus, s. Zirkel; — ursprünglich der von einem Kreise eingeschlossene Raum, besonders ein solches Land, Landkreis, darnach eine Landstrecke überhaupt, besonders ein kleinerer oder größerer Verwaltungskreis (weil die vorstehende Behörde gewöhnlich ungefähr in der Mitte desselben ihren Sitz hat).

Bibel, f., Plur. -beln, *mittellat.* biblia, Plur. -liae, — entstaubt aus *griech.* biblia, plur. von biblion (βιβλία, plur. von βιβλίον) (letzt. dimin. von biblos [βίβλος], Bast der Papyrusstaude, und, weil die Alten auf diese zu schreiben pflegten, die Schrift, der Brief, das Buch), eigentlich kleine Bücher; — die Urkunde der christlichen Religion, die heilige Schrift.

Biber, m., Plur. gleichbedeut., *engl.* beaver, spr. bihwer, *franz.* bièvre, spr. biähwer, *span.* bibaro (*lat.* fiber), — von unbekannter Herkunft; das *lat.* könnte eine Nebenform sein von faber (vielleicht von facere, s. Fazit), Schmied,

Tischler, Zimmermann, und auf die Kunstfertigkeit des Thieres hinweisen; — ein zur Familie der Schwimmfüßer gehöriges Nagethier (Cástor fiber).

Bibernell, f., Plur. -nellen, *mittellat.* bipinnella, — *lat.* bibis, zweimal; pinnula (dimin. pinna, Feder), Federchen; — eine (doppeltgefiederte) Schirmpflanze (*neulat.* Pimpinella).

Bims, m. (gewöhnlich Bimsstein), *lat.* pumex, ein zu den Schmelzen gehöriger, löcheriger, auf dem Wasser schwimmender Stein.

Bisam, m., *mittellat.* bisamum, — oriental. Ursprungs: basam, *chald.*, es ist lieblich -, angenehm gewesen; besem, *hebr.*, der Wohlgeruch; — ein starkriechender, dicker Saft (in einem Beutel des Bisamthieres enthalten).

Bischof, m., Plur. -schöfe, — verdreht aus *lat.* episcopus, *griech.* episkopos (ἐπίσκοπος), (epi, auf, bei, in, an, nach, gegen ꝛc.; skopos [skopéō, sképtomai (σκοπέω, σκέπτομαι), um sich sehen, umhersehen, vorsichtig -, spähend umherblicken, hinsehen, betrachten, beschauen], Schauer, Betrachter, Aufseher, Achtgeber), Aufseher; — Oberaufseher eines christlichen Gemeindeverbandes (einer Diözese), auch ein Getränk aus Rothwein, Zucker und Pomeranzen.

Blei, n., — soll wie das *lat.* plumbum aus ebenfalls gleichbedeut. *griech.* mólybos oder mólibos = molibdos (μόλυβος, μόλιβος, μολίβδος) auf folgende Weise verdreht sein: mólibos = bolimos = boli = *niedersächs.* blie = *hochd.* Blei; — eins der weichsten und zugleich schwersten Metalle.

Blümerant, *franz.* bleumourant, -ante, spr. blömurang, -rangt, — bleu, *franz.*, spr. blöh, *provenz.* blau, spr. bloh, *altspan.* blavo (vom *altd.* bláo, blaw, *plattd.* blai, blaag), blau; mourant, -ante, spr. murang, -rangt, part. praes. von mourir, spr. murihr, *lat.* mori (mors [wie das *griech.* marainō (μαραίνω), das Brennende auslöschen, ersticken, ausdorren -, verdorren -, welken lassen], der Tod), sterben; — eigentlich sterbendblau, mattblau, daher unbestimmt, ungewiß.

Bohle, f., Plur. -len, *engl.* bowl, spr. bohl, — vom *lat.* bulla, eine Wasserblase, eine erhabene Rundung, ein Buckel; — ein rundes -, ründliches Napf, eine solche Schüssel, - Schale.

Bolle, f., Plur. -len, *oberd.* bulbe, *lat.* bulbus, *griech.* bolbós (βολβός), Zwiebel.

Bombe, f., Plur. -ben, *franz.* spr. bongb, — vom *lat.* bombus, *griech.* bómbos (βόμβος), ein tiefer -, dumpfer Ton, ein Geräusch, das Summen, Brummen; — eine eiserne Wurf-, Sprengkugel (die beim Abschießen einen dumpfen Ton verursacht).

Börse, f., Plur. -sen, *engl.* purse, spr. pörs, *franz.* bourse, spr. buhrs, *span.* bolsa, *ital.* borsa, *mittellat.* bursa, — vom *griech.* byrsa (βύρσα), abgezogene Haut, Fell, Leder, Schlauch; — ein lederner Beutel, Geldbeutel, außerdem (wie auch im Franz. und Ital.) der öffentliche Versammlungsort der Kaufleute in größeren Handelsstädten zur Abschließung von Geschäften (en gros).

Bottel = Buttel, s. b.

Bratsche, f., spr. brahtsche, Plur. -schen, *ital.* braccio, m., spr. brattscho (letzt. entstand aus viola da braccio, d. i. Geige für den Arm), — braccio, *lat.* bráchium; *griech.* brachíon (βραχίων), Arm; — Arm-, Altgeige. **Brätzel, Bretzel,** f., Plur. -zeln, ein Backwerk (nach seiner Aehnlichkeit mit in einander geschlungenen Armen benannt).

Brav, *franz.* brave, spr. brahw, *ital.*, *span.* und *portug.* bravo, — die Ableitung ist noch unermittelt; wahrscheinlich hängt es mit *mittellat.* bravium, *griech.* brabeíon (βραβεῖον), Siegerpreis (woran auch das gleichbedeut. *altfranz.* brabion) zusammen; — tapfer, tüchtig, geschickt, gut, rechtschaffen, bieder, vortrefflich.

Bretzel, s. Brätzel unter Bratsche.

Brief, m., Plur. Briefe, *niederd.* bref, — vom *lat.* brevis, e (*griech.* brachys, eia, y [βραχύς, εἶα, ύ]), kurz, — eigentlich ein kurzes Schreiben (scriptum breve, literae breves), eine schriftliche Mittheilung an einen Abwesenden in Form einer Anrede.

Brille, f., Plur. =len, — soll gebildet sein aus *lat.* beryllus, *griech.* béryllos (βήρυλλος), ein Edelstein, ein Krystall; geschliffenes Glas; — zwei in einen Reif eingefaßte, mit einander verbundene, zum Tragen auf der Nase eingerichtete Augengläser.

Briese, f., Plur. =sen, *franz.* spr. brihs, *span.* brisa, *altspan.* briza, *ital.* brezza, *engl.* breeze, spr. brihs, — von unbestimmter Herkunft; das *ital.* brezza könnte von rezza = orezza (kühles Lüftchen) abstammen; nach Andern ist das Wort keltischen Ursprungs, *wallis.* brysg, lebhaft, hurtig, brys, Raschheit, *irisch-gaël.* briosg, ein Sprung (daher *engl.* brisk, flink, munter); — ein leichter, kühler Wind.

Buchs-, Bur- (in der Verbindung mit Baum gebräuchlich), s. Büchse.

Büchse, f., Plur. =sen, *lat.* púxis, *griech.* pyxis (πυξίς), — vom (*lat.* buxus) *griech.* pýxos (πύξος) (von pýka [πύκα], adv. vom veralt. pykós [πυκός], fest, dicht), der Buchsbaum (nach seinem festen Holz benannt), — (nach dem Griech.) ein Kästchen aus Buchsbaumholz, dann (nach dem Lat.) auch aus anderem Holze, sowie auch aus Blech ec., jetzt jedes handliche, rundliche Behältniß (zur Aufbewahrung oder Verschickung von Gegenständen), dessen Längendurchmesser den Querdurchmesser beträchtlich übertrifft, dann auch ein starkes Schießgewehr und (in der Volkssprache) eine Hose.

Bückling, richtiger Böck- oder Bökling, m., Plur. =linge, *holländ.* bokking, — wahrscheinlich gleicher Abstammung mit Pökel, s. d.; vergl. auch Pickelhäring; — ein geräucherter Häring.

Büffel, m., Plur. gleichlaut., *engl.* und *franz.* buffle, erst. spr. böffel, letzt. büffel, *ital.* bufolo, *span.* búfalo, *mittellat.* búfalus, *lat.* búbalus, *griech.* búbalos (βούβαλος), — von bũs (βοῦς), Stier, Ochse, Kuh; — eine Rinderart (Bos bubalus)

Bühre, Büre, f., — vom *franz.* bure, spr. bühr, *mittellat.* bura (vom *lat.* burrus, a, um [verwandt mit *griech.* pyrrhós, á, on (πυῤῥός, ά, όν) (pyr [πῦρ], Feuer), feuerfarbig, =roth] = rufus, a, um, licht=, fuchsroth), ein grobes, wollenes (besonders rothes oder rothgestreiftes) Tuch; — ein starker Stoff zu (Unter=)Betten.

Bursch, m., Plur. =schen, — von bursa, s. Börse; — ursprünglich Studenten, welche aus der Börse (Kasse), einer Stiftung (durch Stipendien) unterhalten wurden, darnach überhaupt ein junger (unselbständiger) Mensch.

Büste, f., Plur. =sten, *franz.* buste, spr. büst, *span.* busto, *ital.* bustino, — von unermittelter Herkunft, vielleicht sogar deutschen Ursprungs (vergl. *niederd.* boss = bost = bust = Brust); — ein Brustbild, =stück, d. i. eine plastische Darstellung des menschlichen Kopfes nebst einem Theil der Brust.

Butike, f., Plur. =ken, *franz.* boutique, spr. butihk, *span.* butica, *ital.* butega, — durch Wegfall des anlautenden a entstanden aus *lat.* apotheca, *griech.* apothḗkē (ἀποθήκη) (apo [ἀπό], von, ab, aus, vor, weg, fort, wieder ec.; thḗkē [θήκη] (théo (θέω)) Stammwort von tithemi (τίθημι), setzen, stellen, legen], ein Ort, Behältniß, wohin etwas gesetzt, wo etwas niedergelegt, = aufbewahrt wird; apotithemi [ἀποτίθημι], ab=, weg=, bei Seite legen, = setzen, = stellen, aufbewahren), ein Ort, wo man etwas niederlegt, = aufbewahrt, ein Speicher, jetzt ein Arzeneiladen, ein Haus, in welchem Arzeneien aufbewahrt, (nach ärztlicher Vorschrift) bereitet und verkauft werden; — eine Bude, kleiner Laden, eine elende Hütte.

Butte, Bütte, Botte, f., Plur. =ten, auch Bottich, m., Plur. =che, *franz.* und *ital.* botte (erst. spr. bott), *span.* bota, — vom *mittellat.* but(t)is, *griech.* bútis oder bytis (βούτις oder βύτις), eine Art von Flaschen; — ein rundes, oben offenes Gefäß, dessen Wand aus Dauben besteht, die durch Reifen verbunden sind und dessen Höhe von dem Durchmesser meistens beträchtlich übertroffen wird.

Buttel, m, Plur. gleichlaut., *franz.* bouteille, spr. butähj, *mittellat.* but(t)icula (dimin. von but(t)is), Butte; — = Flasche, s. d.

Butter, f., *engl.* fpr. bötter, *ital.* butiro, *lat.* butyrum, *griech.* bútyron (βούτυρον) — foll fkythifchen Urfprungs fein; vergl. *griech.* bûs, f. Büffel, und tyrós (τυρός), Käfe; — das aus Milch gewonnene, fefte, aber gewöhnlich ziemlich weiche (aus Margarin, Elaïn und Butyrin beftehende) Fett.

D.

Dach, n., Plur. **Dächer**, *niedcrd.* dack, *angelsächs.* thac, *lat.* tectum, — tectus, a, um, part. perf. pass. (tectum, 1. supin.) von tégere, f. **Decken**; — die oberfte Decke eines Gebäudes. Anm. In der Volksfprache wird Dach (als oberfter Theil [gleichfam als Decke] des Körpers auch für Schädel, Kopf gebraucht in der Redensart zu Dach fteigen, daher **Dachtel**, f. = Kopfnuß, Ohrfeige.

Dam- (in der Zufammenfetzung mit -wild, -hirfch 2c.) vom *lat.* dama, urfprünglich wol ein allgemeiner Ausdruck für ein Thier aus dem Hirfchgefchlecht, fpäter befonders = Gemfe.

Dam- (in der Zufammenfetzung mit -fpiel, -brett 2c.) = Dame, f. b.

Dame, f., Plur. -men, *franz.* fpr. bahm, *span.* und *ital.* dama, — vom *lat.* domina (weibliche Form von dominus [von domus, f. **Dom**], eigentlich der Hausbefitzer, -eigenthümer, daher der Herr, Gebieter), Herrin, Gebieterin; — eine (erwachsene) Perfon weiblichen Gefchlechts (befonders aus gutem Stande).

Dattel, f., Plur. -teln, *lat.* dáctylus, *griech.* dáktilos (δάκτυλος), — nach dem Griech. eigentlich der Finger; — die fingerlange, -ähnliche Frucht einer Palmenart (Phoenix dactylifera).

Daube, f., Plur. -ben, *franz.* douve, fpr. buhw, *ital.* und *mittellat.* doga, — vom *lat.* doga (vergl. *griech.* doché [δοχή] die Aufnahme, das Aufnehmende), ein Gefäß; — die Brettchen, welche (durch Reifen verbunden) die Wand eines runden, ovalen 2c. Gefäßes bilden.

Daus, n., Plur. **Däufer**, *niedcrd.* und *dän.* duus, *engl.* deuce, fpr. djuhs, — vom *franz.* deux, *lat.* duo, f. zwei; — eine Karte -, ein Würfel mit zwei Augen.

Decken, *angelsächs.* theccan, *lat.* tégere, *griech.* stegein (vergl. Ziegel), etwas zum Schutze über ein Anderes ausbreiten.

Dein, *engl.* thine (subst.), thy (adject.), fpr. bfein, bfei, *franz.* ton, ta, fpr. tong, ta, *lat.* tuus, a, um, *dor.* teós, é, ón (τεός, ή, όν) = sós, ή, on (σός, ή, όν) von tu = fy, f. bu; — abjektives Perfonalpronomen der 3. Perfon.

Démant oder Diamánt, m., Plur. -manten, diamant, *franz.*, fpr. -mang, *span.* und *ital.* diamánte, *lat.* ádamas, gen. -mantis, *griech.* adámas, gen. -mantos (άδάμας, gen. -μαντος), — a (ά), verneinend; damáō (δαμάω), bändigen, überwältigen, bezwingen, befiegen; άδάμας heißt danach eigentlich nicht zu überwältigen 2c., der Unbezwingbare 2c. und wurde urfprünglich zur Bezeichnung des härteften Eifens, des Stahls und anderer fehr harter Metalle gebraucht; — der härtefte (und koftbarfte) Edelftein.

Deut, m., Plur. **Deute**, *holländ.* duit, fpr. büht, *engl.* doit, fpr. beut, — die Ableitung ift noch nicht feftgeftellt; wenn es vom *franz.* deux (f. **Daus**) herkommen follte, fo würde es urfprünglich zwei kleine Münzen als eine Einheit bezeichnet haben; — ein Achtel Stüber, allgemeine Bezeichnung für eine kleine Münze.

Dinte, Tinte, f., Plur. -ten, *ital.* und *span.* tinta, *mittellat.* tincta, — tinctus, a, um, part. perf. pass. (tinctum, 1. supin) vom *lat.* ting(u)ere, *griech.* teggoin (τέγγειν), fpr. tengein, tünchen, benetzen, anfeuchten, färben; — eine gefärbte Flüffigkeit zum Schreiben.

Diptam, m., *franz.* dictame oder -tamne, Schluß-e ftumm, *lat.* dictamnus, *griech.* diktamnos oder diktamos (δίκταμνος oder δίκταμος), — nach dem Berge Dikte auf Kreta benannt; — eine zur Familie der Budogewächse gehörige Pflanze (Dictamnus albus).

Dezember, m., *lat.* decémber (mit und ohne mensis, Monat), — decem, *griech.* déka (δέκα), zehn; — früher der zehnte -, jetzt der zwölfte Monat im Jahr, der Winter-, Kristmonat.

Docke, f., Plur. -cken, *engl.* dock, weist zunächst zurück auf *mittellat.* (und *lat.*) doga (vergl. Daube), Graben, Einfassung eines Grabens; — ausgemauerter Wasserbehälter für die Erbauung und Ausbesserung der Schiffe bestimmt.

Docke, Dogge, f., Plur. -cken, -gen, — vom *engl.* dog (to dog [vielleicht eine Nachbildung des Lautes, den ein Hund hören läßt, wenn er eifrig witternd mit der Schnauze fest am Boden einher rennt], wittern, spüren, ursprünglich wol der Ausspürer, -witterer, darum der Hund; — eine Art englischer Hunde.

Dolmetscher, m., Plur. gleichlaut., *russ.* tolmatsch, *poln.* thumacz, *ungar.* tolmáts, *tartar.* tulmasch, — vielleicht zurückzuführen auf *arab.* tardschama, *chald.* targém, übersetzen, erklären; — Uebersetzer (besonders bei Unterredungen zwischen Personen, die verschiedene Sprachen sprechen und sich daher nicht verstehen können).

Dom, m., Plur. Dome, *franz.* dôme, spr. bohm, *ital.* duomo, — vom *lat.* dómus, *griech.* dómos (δόμος) (vom *griech.* démō [δέμω], bauen, erbauen), das Gebaute, Gebäude, Haus, die Wohnung; — eine Hauptkirche (an welcher ein [Erz-]Bischof angestellt ist oder war), ein gewölbtes -, kuppelförmiges Dach (weil eine solche Kirche damit gewöhnlich versehen ist).

Domback = Tomback, f. d.

Donner, m., *engl.* thunder, spr. tjönder, *franz.* tonnere, spr. tonnähr, *lat.* tonitrus, m., -tra, f. oder -trum, n., vom *lat.* tonáre, *griech.* tonóein (τονόειν) (tonos, f. Ton), spannen, anspannen, ertönen, erschallen; — ein rollender Schall (besonders beim Gewitter).

Doppelt, *engl.* und *franz.* double, erst. spr. böbbel, letzt. bubel, *lat.* duplus, a, um, — von duo, f. zwei; plicare (vom *griech.* plékō [πλέκω], flechten, knüpfen, drehen, verbinden), falten, falzen, zusammenwickeln, -legen, -biegen, -beugen; — zwiefach.

Dorf, n., Plur. Dörfer, — verw. mit *lat.* turba, *griech.* týrbē (τύρβη), der Lärm einer Menge, Getümmel, Gewühl, Menge, Haufen, Schwarm, Schaar; — eine Menge zusammenliegender, Einen Wohnort bildender Häuser (deren Bewohner vorzugsweise der Landwirthschaft obliegen und einen sehr einfachen Verwaltungsapparat haben).

Dörren, Dorren, f. dürr.

Drache, m., Plur. -chen, *engl.* span. und *franz.* dragon, erst. spr. bräggen, zweit. bragohn, letzt. bragong, *ital.* dracone, *lat.* dráco, gen. -cónis, *griech.* drákōn, gen. -kontos (δράκων, gen. -κοντος), — von dérkomai (δέρχομαι), sehen, blicken; — ehedem ein fabelhaftes Schlangenungeheuer, jetzt besonders eine Eidechsenart (draco volans), auch ein böses (Ehe-) Weib.

Dragoner, m., Plur. gleichlaut., *engl.* dragoon, spr. bräggohn, *franz.* dragon, spr. -gong, *ital.* dragone, — vom *lat.* draco, f. Drache; — eine Art leichter Reiterei (deren Hauptwaffe ein Pallasch und ein Karabiner ist) (die Benennung kann in dem Feldzeichen, im Drachenkopf der Pistole oder in irgend einem andern Umstande ihren Grund haben).

Drei, *engl.* three, spr. bfri, *franz.* trois, spr. troa, *lat.* tres, tria, *griech.* treis, tria (τρεῖς, τρία), die Zahl zwischen zwei und vier.

Drommete, f. Trompete.

Du, *lat.* tu, *griech.* sy (σύ) (dor. ty [τύ], das Fürwort der zweiten Person in der Einzahl.

Dürr, dorr, *lat.* tórridus, a, um, — vom *lat.* torrére, braten, rösten, sengen; — trocken.

Dutzend, Dutzend, n., Plur. -zende, *franz.* douzaine, spr. bußähn, *span.* docéna, vom *lat.* duódecim (duo, zwei; decem, *griech.* déka [δέκα], zehn), zwei und zehn, zwölf; — eine Stückzahl von zwölf.

E.

Eben- (in der Zusammensetzung mit -holz), vom *lat.* ebenus, *griech.* ebenos (ἔβενος) (vom *hebr.* eben, Stein), Steinbaum (Diospyros ebenum).

Eberraute, Ae-, Aberraute, -rute, f., Plur. -ten, verdreht aus gleichbedeut. *lat.* abrotonum, n., -nus, f., *griech.* abrótonon, n., -nos, f. (ἀβρότονον, -νος), — ábrotos, on (ἄβροτος, -ον) (a [ἀ-], Verneinungspartikel; brotós [βροτός], als Adj. sterblich, als Subst. der Sterbliche), nicht -, unsterblich, göttlich; — eine Art Korbblüther (Artemisia abrotanum).

Ecke, f., Plur. -ken, *engl.* edge, spr. edsch, — vom *lat.* acies (*griech.* akis, akē [ἀκίς, ἀκή], Spitze, Stachel), Spitze, Schneide, Schärfe, scharfer Rand; — die Spitze, welche -, der Rand, welchen bezw. zusammentreffende Linien oder Flächen nach außen bilden.

Egge, f., Plur. -gen, — gleicher Ableit. mit Ecke, s. d.; — ein mit spitzen Zinken versehenes Ackergeräth.

Ei, f., Plur. Eier, *franz.* oeuf, spr. öhf, *ital.* uovo, *lat.* ovum, *griech.* ōón (ᾠόν), ein thierisches Naturgebilde, woraus sich das Junge erzeugt.

Eibe, f., Plur. -ben, gleicher Herkunft mit Eppich, s. d.; — eine Art Nadelhölzer (Taxus baccata).

Eibisch, m., Plur. -sche, *lat.* hibiscum, n., *griech.* ibiskos, m. (ἐβίσκος), eine Art Pappelrosen (Althaea officinalis).

Eidam, m., Plur. -dame, — könnte vom *griech.* aites (αἴτης), Geliebter, Freund abstammen; — Schwiegersohn.

Ein, einer, eine, eines, eins, *engl.* one, spr. uönn, *franz.* un, une, spr. öng, ühn, *lat.* unus, altlat. oenus, a, um, *griech.* heis, mia, hen (εἷς, μία, ἕν), das niedrigste Grundzahlwort (als Bezeichnung von ungetheilten Größen).

Elbling, m., Plur. -linge, vom veralteten elb = *lat.* albus, a, um, s. Albe; — eine Art Weinstöcke mit weißlichen Reben. **Elbisch,** m., Plur. -sche, der (weiße) Schwan.

Elfe, f., Plur. -fen, — gleicher Ableit. mit Alp, s. d.; — ein fabelhaftes (höheres) Wesen.

Elfen- (in der Verbindung mit -bein), verdreht aus Elefant, *lat.* elephas, gen. -phantis, *griech.* eléphas, gen. -phantos (ἐλέφας, gen. -φαντος).

Elle, f., Plur. -len, mittellat. alena, *lat.* ulna — vom *griech.* ōlén = ōléna (ὠλήν = ὠλένα), das Armgelenk, der Ellbogen; — im Lat. wie im Griech. ursprünglich das Gelenk zwischen Ober- und Unterarm, dann wie im Deutschen der ganze (Ober- und Unter-)Arm (daher jenes Gelenk bei uns Ell(en)bogen [= Armbiege] heißt), jetzt auch der vordere Knochen im Unterarm.

Engel, m., Plur. gleichlaut., *engl.* und *span.* angel, erst. spr. ähnschel, *ital.* angelo, *lat.* angelus, *griech.* ággelos (ἄγγελος), — aggéllō (ἀγγέλλω [ag-, äg-, spr. an], ankündigen, benachrichtigen, erzählen, melden, überbringen (eine Nachricht); — der Ueberbringer einer Nachricht, der Bote (nach der Bibel besonders ein himmlischer [von Gott gesandter] Bote, ein Bewohner des Himmels, ein Geist (ohne Körper).

Enkel, s. unter Ahn.

Ente, f., Plur. -ten, *altfranz.* anette, *span.* anade, *lat.* anas, gen. anatis, — verwandt mit natare = naro (νάω, νέω [νάω, νέω], fließen, schwimmen), schwimmen; — ein Schwimmvogel.

Enzian, m., Plur. -ane, *lat.* gentiana, eine zur gleichnamigen Familie gehörige Pflanzengattung.

Epheu, Efeu, m., — gleicher Ableitung mit Eppich, s. d.; — ein zu den Schirmblüthern gehöriger immergrüner Strauch (Hedera helix).

Eppich, m., *lat.* apium, *griech.* apion (ἄπιον), Name verschiedener Doldengewächse, besonders des gemeinen Selleries (Apium graveolens). Anm. Das *griech.* Wort bezeichnet auch eine Birne.

Erbse, f., Plur. -sen, *lat.* ervum, *griech.* órobos (ὄροβος), eine Hülsenpflanze.

Erde, f., Plur. -den, — erinnert an gleichbedeut. *griech.* éra (ἔρα); — Land (Gegensatz zu Wasser), der von uns bewohnte Planet.

Erker (statt Aerker), m, Plur. gleichlaut., *mittellat.* arcora, — entweder von arca, f. Arche, oder von arcus, f. Armbrust; — ein (kasten- oder bogenartiger) Ausbau (aus dem Dache) eines Hauses.

Erkobern, — vom *lat.* recuperāre (Nebenform von recipere [re, zurück, entgegen, gegen, wider, wieder, nochmals; capere, nehmen, fassen, greifen, erfassen, -greifen, begreifen, verstehen], zurück -, wieder nehmen, -ergreifen, an-, auffassen, -nehmen, zulassen), -wieder erlangen, -bekommen, -gewinnen, -erobern, bei-, eintreiben; — sich erholen.

Erz- (in Zusammensetzungen), *lat.* und *griech.* archi- (ἀρχί-), — vom *griech.* archō (ἀρχή), Anfang, Ursprung, Beginn, Anführung, Regierung, höchste Gewalt, Obrigkeit ꝛc.; — Erster -, Ober-, Haupt-, Herrscher-.

Esche, f., Plur. -schen, *engl.* ash, spr. äsch, — soll eine Ableitung von esculus (esca, Speise, Essen, Futter), Speiseeiche (Quercus esculus), sein; — ein zur Familie der Oleïneen gehöriger Baum (Fráxinus excelsior).

Esel, m., Plur gleichlaut., — vom *lat.* asĕllus, dimin. von gleichbedeut. asinus; — eine Art Einhufer (Equus asinus).

Espe, f., Plur. -pen, *engl.* usp oder aspen, spr. äsp, äspen, — dürfte eine Nebenform von Esche sein, f. b.; — Zitterpappel (Pópulus tremula).

Essig, m., Plur. -ge, — vom gleichbedeut. *lat.* acetum (acēre, sauer sein); — eine durch Gährung sauer gewordene Flüssigkeit.

Eule, f., Plur. -len, *engl.* awl, spr. aul, *holländ.* uil, *niedersächs.* uhl, *angelsächs.* ule, — vom *lat.* ulula (von ululāre [verwandt mit *griech.* ololýzō (ὀλολύζω) (lýzō [λύζω], das Schlucken haben, schluchzen], laut schreien), kläglich schreien, heulen), der Kauz, das Käuzchen; — eine Familie der Raubvögel und der Nachtfalter.

Euter, n., Plur. gleichlaut., *griech.* úthar (οὖθαρ) (wovon auch das gleichbedeut. *lat.* ubor abgeleitet wird), — ein Körpertheil weiblicher Säugethiere zur Ansammlung der Milch.

Ewig, — gleicher Abstammung mit *lat.* aevum, gen. aevi, *griech.* aiōn (αἰών) (= aión ōn [αἰὲν ὤν], erst. = aei [ἀεί], immer, stets; letzt. part. praes. von einai [εἶναι], sein), lange Zeitdauer, Zeit ohne Ende, überhaupt Zeit, Lebenszeit; — immer seiend, -dauernd, -während.

F.

Fabel, f., Plur. -beln, *franz.* und *engl.* fable, erst. spr. fabel, letzt. spr. fäbel, *span., ital.* (hier auch favola) und *lat.* fábula, — vom *lat.* fari, f. Fant; — eine (erdichtete) Erzählung (besonders eine solche, in welcher unvernünftige Wesen [namentlich Thiere] redend auftreten, als Personen dargestellt werden).

Fabrik, f., Plur. -ken, *franz.* fabrique, spr. -brik, *lat.* fábrica, — von faber (wahrscheinlich mit facere [f. Fazit] zusammenhangend), der Arbeiter, vorzüglich in hartem Material (Holz, Stein, Metall), daher Tischler, Zimmermann, Schmied; — Werkstatt, -stätte, jetzt besonders eine Kunst-, Werkanstalt, in welcher eine große Anzahl von Leuten, sich einander in die Hände arbeitend, beschäftigt werden, und namentlich auch eine solche, in welcher (Dampf- und andere) Maschinen zur Anwendung kommen.

Fackel, f., Plur. -ckeln, *ital.* fiaccola, *lat.* fax, gen. facis, ein (besonders bei nächtlichen Umzügen verwendetes) Beleuchtungsmittel (ursprünglich ein [mit einer Fettigkeit bestrichenes] Stück [Kien-]Holz, jetzt ein aus leicht brennbaren Stoffen [Werg, Theer, Pech, Wachs ꝛc.] zu dem genannten Zweck eigens bereiteter Körper).

Fade, *franz.* spr. fahd, *engl.* spr. fähd, — fada, *provenz.*, fat, *franz.*

und *provenz.*, fatuo, *span.* und *ital.*, fatuus (a turz), a, um, *lat.*, einfältig, läppisch, albern; — unschmackhaft, abgeschmackt, geschmacklos, schal, albern, einfältig, matt.

Fahne, f., Plur. =nen, *dän.* und *engl.* fane, letzt. spr. fähn, *altfranz.* fono (*lat.* pannus, *griech.* pênos oder pénē [πῆνος, πήνη], der Faden des Einschlags auf der Weberspule, das Gewebe, ein Stück Tuch, Lappen), Tuch; — ursprünglich ein Tuch, jetzt ein an einer senkrechten Stange befestigtes mit bestimmten Farben (meistens von geschichtlicher Bedeutung) als Erkennungszeichen politischer, militärischer oder religiöser Körperschaften.

Falk, m., Plur. =ken, *ital.* und *lat.* falco (letzt. gen. falcónis, daher *ital.* auch falcone, *franz.* faucon, spr. fokong), — verwandt mit *lat.* falx, gen. falcis, Sichel, jedes sichelförmige Werkzeug; — ein Raubvogel (nach seinem sichelförmig gekrümmten Schnabel benannt). **Falkaune**, f., ehedem eine Art schweres Geschütz.

Fallen, — verwandt mit *griech.* pállō (πάλλω) (vergl. bállō unter Ball), schwingen, werfen; — zu Boden stürzen, mit beschleunigter Geschwindigkeit senkrecht nach unten bewegen.

Falsch, *engl.* false, spr. fahls, *span.* und *ital.* falso (*franz.* faux, fausse, spr. foh, fohs), *lat.* falsus, a, um, — letzt. part. perf. pass. (falsum, 1. supin.) von fállere, *griech.* sphállein (σφάλλειν), fallen machen, ein Bein unterschlagen, eine Falle stellen, hintergehen, täuschen, betrügen; — täuschend, hintergehend, sich verstellend (um Andere zu benachtheiligen, = zu schädigen), betrügend, betrügerisch, boshaft, unwahr.

Familie, f., Plur. =lien, *franz.* spr. famihj, *lat.* familia, — von unermittelter Herkunft; wahrscheinlich mit dem verwandten famulus, a, um, dienend, aufwartend (famulus [als Subst.], Diener, Aufwärter) von einem Stamm mit der Bedeutung Besitz, Eigenthum, Erbe; — ursprünglich die einem Herrn gehörigen Personen (Sklaven, Kinder), jetzt die von einem Hausvater unterhaltenen (also von ihm abhängigen, namentlich mit ihm zusammenlebenden) Kinder, Hausverwandtschaft, dann überhaupt Verwandtschaft, Sippschaft, Geschlecht, Stamm (in der weiteren Bedeutung auch von Thieren und Pflanzen gebräuchlich, Inbegriff gleichartiger, nahe verwandter Wesen).

Fant, m., Plur. **Fante**, *ital.* fante, — abgekürzt aus *ital.* (und *span.*) infanto (*franz.* enfant, spr. angfang), *lat.* infans, gen. =fantis (in = ohne, nicht, un=; fans, gen. fantis, part. praes. von fari [verwandt mit *griech.* pháō (φάω), Stamm zu phainō (φαίνω), ans Licht bringen, sichtbar machen, = werden, zeigen, erscheinen, sehen lassen], kund machen, sprechen, sagen, reden), eigentlich nicht redend, nicht sprechend (von kleinen Kindern, Stummen und Unberedten gebräuchlich), als Subst. ein kleines Kind; — (im Ital. Bube, Dienstbote [Knecht, Magd], Fußsoldat, bei uns), ein junger, läppischer Mensch, ein Laffe, Grünschnabel, Hanswurst. **Fäntje**, m., eine mit holländ. Endung gebildete, in der (nordbeutschen) Volkssprache gebräuchliche Form für Fant zur Bezeichnung eines sehr jugendlichen Narren.

Faschine, f., Plur. =nen, *franz.* fascine, spr. =sihn, *ital.* fascina, spr. fastschina, — vom *lat.* fascis, Bund, Bündel; — Reiser=, Strauch=, Buschbündel (wie sie bei Ausdeichungen ıc. verwendet werden).

Fasse, f., Plur. =ssen, — vom *franz.* face, spr. fahs (*engl.* spr. fähs), *lat.* faciës (verwandt mit fax, s. Fackel), das Angesicht, Antlitz, Gesicht (nach dem Glänzen =, Leuchten der Augen benannt), Vordertheil, =seite; — die Vorderseite (eines Gebäudes).

Fazit, n., Plur. =te, — von facit, 3. Person sing. ind. act. von fácere, machen, thun, verfertigen, verrichten, hervorbringen, bewirken ıc.; — die Zahl, welche anzeigt, wie viel es macht, = beträgt, die beim Rechnen gesuchte Zahl.

Februar, m., *lat.* februárius (mensis, Monat), — februárius, a, um (februus, a, um [februare, reinigen], reinigend), zur (religiösen) Reinigung gehörig; — Reinigungs=, Sühnmonat (weil in der zweiten Hälfte desselben die

Reinigung der Lebenden und die Sühnung der Verstorbenen vorgenommen wurde), jetzt der zweite Monat im Jahr.

Fee, Feie; f., Plur. -en, *franz.* fée, *ital.* fata, — verwandt mit *lat.* fatum (fatus, a, um, part. perf. von fari, s. Fant), der Ausspruch (besonders in Betreff künftiger Schicksale), Götterspruch, das Verhängniß, unvermeidliches Schicksal, das Geschick; — eine Schicksalsverkündigerin, Wahrsagerin, Zauberin. Feien, *franz.* féer, spr. feeh, bezaubern (namentlich durch Zauber gegen lebensgefährliche Unglücksfälle [Verwundung ꝛc.] sichern, schützen).

Fehlen, *engl.* fail, spr. fähl, *franz.* faillir, spr. fajihr, *ital.* und *mittellat.* fallire, — verwandt mit *lat.* fallere, s. falsch; — nicht da -, - vorhanden sein, irren, verkehrt -, unrecht handeln.

Feien, s. unter Fee.

Feige, f., *niedersächs.* fiig, *engl.* fig, *franz.* figue, spr. fihg, *span.* und *portug.* figo, *ital.* fico, *lat.* ficus, die Frucht des (nach ihr benannten) Feigenbaumes (ficus cárica).

Fein, *engl.* fine, spr. fein, *franz.* fin, fine, spr. fäng, sihn, *portug.*, *span.* und *ital.* fino, — vom *lat.* finitus, a, um, part. perf. pass. (finitum. 1. supin.) von finire (finis, Grenze, Ende), in Grenzen einschließen, einschränken, endigen, beschließen; — ursprünglich = vollendet, vollkommen, daher ausgezeichnet, schön, zart, zierlich, rein, dünn.

Feier, f., — vom *lat.* feriae, Ruhetage, Ruhe; — das Aufhören von der Arbeit, zur Sammlung neuer Kräfte, - zur Erholung, - Ruhe.

Fell, n., Plur. -le, — vom gleichbedeut. *lat.* pellis, vergl. Pelz; — die Haut von (kleineren) Säugethieren.

Felleisen, n., Plur. gleichlaut., — wahrscheinlich vom gleichbedeut. *franz.* valise, spr. walihs, *ital.* valigia, welches letztere aus dem entsprechenden *lat.* vidulus entstehen konnte, indem daraus vidulitia, velligia, valligia, valigia gebildet wurde; — eine Art Ranzen (namentlich wie sie bei reisenden Handwerksburschen gebräuchlich sind oder waren).

Fenchel, m., *engl.* fennel, *lat.* fe-, fae- oder foeniculum, — letzt. dimin. von fenum, Heu; fenum graecum, griechisches Heu, Bockshornklee; — eine Art Schirmblüther (Feniculum officinále).

Fenster, n., Plur. gleichlaut., *franz.* fenêtre, spr. -nähter, *lat.* fenéstra, *griech.* phainéstra (φαινέστρα), — vom *griech.* phainō, s. Fant; — ursprünglich eine Oeffnung in einer Wand oder Mauer, um Licht in ein Gebäude zu lassen, später und jetzt eine Vorrichtung von Glas zu gleichem Zweck.

Ferniß = Firniß, s. d.

Fest, n., Plur. Feste, *lat.* festum (*franz.* fête, spr. fäht), — vom *lat.* festus, a, um, feierlich; — der Inbegriff von außergewöhnlichen (geistigen oder leiblichen) Freuden und Genüssen, welche zur Erinnerung an ein wichtiges Ereigniß veranstaltet werden.

Feuer, n., Plur. gleichlaut., *engl.* fire, spr. feir, *niedersächs.* führ, *griech.* pyr (πυρ), die bei einer Verbrennung entstehende, mit Lichterscheinung verbundene Hitze.

Fibel, f., Plur. -beln, — verderbt aus biblia, s. Bibel; — ein Abezebuch, ein Büchlein für den ersten Leseunterricht.

Fiber, f., Plur. -bern, *franz.* fibre, spr. fiber, *lat.* fibra, Faser, Zaser, besonders Muskelfaser.

Fidel = Fiedel, s. d.

Fieber, n., Plur. gleichlaut., *franz.* fièvre, spr. fjehwer, *engl.* fover, spr. fiwer, *ital.* febbre, *span.* fiebre und febre, *lat.* febris, — letzt. statt ferbis oder -bris, von fervére oder férvere, sieben, siebend heiß sein, glühen; — eine hitzige Krankheit.

Fiedel, f., Plur. -deln, *engl.* fiddle, spr. fibbel, *mittellat.* fidula, — die Ableitung vom *lat.* fidicula, dimin. von fides oder fidis, Saite, Saiteninstrument wird von neueren Sprachgelehrten verworfen und gilt jetzt das Wort (wie

Figur — Flocke.

auch das verwandte *franz.* violine, [spr. wiolihn, *ital.* violino, *span.* violin, bezw. vom *franz.* viole, [spr. wiohl. *span.*, *ital.* [und *portug.*], viola], für eine Abstammung vom *lat.* vitulári (vitulus, *griech.* italós [ἴταλος], digammirt witalos [Fίταλος], Kalb], wie ein Kalb fröhlich herumspringen (fidula = vitula = viula = viola); — die Geige.

Figur, f., Plur. =guren, *franz.* figure, [spr. =gühr, *lat.* figúra, — vom *lat.* fingere, gestalten, bilden, neu schaffen, erdichten, ausstnnen, vergeben; — Gestalt, Bild, Zeichnung.

Filz, m., Plur. Filze, niedersächs. und *dän.* filt, *engl.* felt, *ital.* feltro, *span.* fieltro, *mittellat.* fel- oder filtrum, — verwandt mit gleichbedeut. *griech.* pilos (πιλος), — eine durch einander gewirrte, feste, zeugartige Masse von Wolle, Haaren 2c., bildlich ein Geizhals.

Fimmel, m., vom *lat.* femella (dimin. von femina [vom alten feo (verwandt mit *griech.* phýō [φυω], hervorbringen, entstehen lassen, entstehen, werden, wachsen), befruchten, Frucht tragen], jedes Geschöpf weiblichen Geschlechts, Weibchen, Weib, Frau), Mädchen, Frauenzimmerchen; — die weibliche Hanfpflanze.

Finne, f., Plur. =nen, gleicher Ableitung mit Pinne, [. d.; — Floßfeder, ein Blätterchen im Fleisch.

Finte, f., Plur. =ten, *ital.* finta (*franz.* feinte, [spr. fängt), — vom *lat.* fingere, [. Figur; — Verstellung, List, besonders (beim Fechten) ein Hieb oder Stoß, den man auf einen andern Körpertheil zu richten scheint, als den man treffen will.

Firmeln, firmen, — vom *lat.* firmáre (firmus, a, um, fest, standhaft, sicher, geschickt), befestigen, bekräftigen, bestätigen; — (in der katholischen Kirche) einen Getauften als Mitglied der Gemeinde bestätigen.

Firniß, Verniß, m., Plur. =nisse, *franz.* und *holländ.* vernis, erst. [spr. werniß, *ital.* vernice, *span.* barniz, *engl.* varnish, [spr. warnisch, *dän.* fernis, *mittellat.* vernix, — von zweifelhafter Herkunft; Einige denken an *sanskr.* varna, Farbe; — ein glänzender, durchsichtiger Lack, mit Oel gestrichene Gegenstände zu überziehen, um die Farbe dauerhafter und den Anstrich schöner =, glänzender zu machen, auch äußerer Glanz, oberflächliche Bildung.

Fisch, m., Plur. Fische, *lat.* piscis, ein Wirbelthier, welches rothes, kaltes Blut hat, durch Kiemen athmet und sich durch Rogeneier fortpflanzt.

Fisole, f., Plur. =solen, *lat.* faselus, faseólus oder phasélus, *griech.* pháselos, phaseólos oder phasiolos (φασηλος, φασιολος, φασιολος), eine Bohnenart.

Fistel, f., Plur. =steln, *franz.* fistule, [spr. =stühl, *lat.* fistula (im Lat. ursprünglich Röhre, Rohrpfeife), jetzt ein Geschwür mit röhrenförmigen Kanälen, Röhrgeschwür, auch die Kopfstimme (nach ihrer Aehnlichkeit mit einer Rohrpfeife).

Fix, *franz.* fixe, e stumm, *lat.* fixus, a, um, — *lat.* part. perf. pass. von figere, is, an etwas filgen, =heften, =stecken, =befestigen; — fest (in der Volkssprache auch für ausgezeichnet, vortrefflich).

Flamme, f., Plur. =men, *franz.* e stumm (*engl.* flame, [spr. flähm), *lat.* flamma, das bei einer Verbrennung lodernde Licht, unter Lichterscheinung brennendes Gas.

Flasche, f., Plur. =schen, *ital.* fiasca, *mittellat.* flasco, *griech.* phlaskion (φλασκιον), — Andere führten das Wort auf *lat.* vasculum, dimin. von vas, Gefäß, zurück; — ein (Glas=)Gefäß, meistens walzenförmig, mit langem, sich allmählich verengendem Halse, dessen kleine Oeffnung gewöhnlich durch einen Stöpsel =, Kork verschlossen wird.

Flaum, m., Plur. Flaume, *lat.* pluma, eine weiche, leichte Feder, auch das erste weiche Barthaar.

Fließen, — verwandt mit gleichbedeut. *lat.* fluere; — hingleiten (von Flüssigkeiten gebraucht).

Flocke, f., Plur. =cken, *engl.* flock, *ital.* fiocco, *lat.* floccus, eine Zusammensetzung aus kurzen, gekräuselten gleichartigen Gegenständen (Haaren, Wolle, Schnee 2c.).

Flor, m., Plur. =re, *lat.* florus, a, um (flos, gen. floris [verwandt mit *griech.* phloos (φλοος), Rinde, Schale, Blüthe], Blume, Blüthe), blühend; — Zustand =, Zeit des Blühens, des Gedeihens, der Wohlstand (eines Geschäfts), die Gesammtheit blühender Dinge, die Blumenmenge, auch ein leichtes, dünn gewebtes (oft geblümtes) Zeug (zu Schleiern 2c.), welches aus dem obern, groben Gespinnste der Seidenraupe (gleichsam der Blüthe der Seide, *franz.* fleuret, spr. flöreh, Florettseide) gemacht wird. Floskel, f., Plur. =keln, *lat.* flosculus, m., — letzt. dimin. von flos; — Redeblümchen, =blüthchen, =schmuck, zierliche Redensart (oft mit dem Nebenbegriff der Inhaltlosigkeit).

Flöte, f., Plur. =ten, *franz.* und *engl.* flute, erst. spr. flüht, letzt. fluht, *span.* flauta, *ital.* flauto, — vom *lat.* flatus (flatum 1. supin. [flatus, a, um, part. perf. pass.] von flâre, blasen, wehen), das Blasen; — ein Blaseinstrument.

Flotte, f., Plur. =ten, *franz.* spr. flott (*ital.* flotta, *span.* flota, *engl.* fleet, spr. flïht, *holländ.* vloot), — flotter, *franz.* spr. flotteh, *ital.* flottare (vom *lat.* fluctuári [Nebenform von fluctuáre (von fluctus [fluctum, veraltet = fluxum, 1. supin. von fluere (vergl. *griech.* phlýō [φλύω], überquellen, =sprudeln, aufwallen), fließen, strömen, flüssig sein 2c.], das Fließen, Hervorströmen, die Welle), Wellen schlagen, wogen, wallen, mit den Wellen hin= und hertreiben, schwanken, unschlüssig sein], in der abgeleiteten Bedeutung von schwimmen), auf dem Wasser treiben, auch schwanken, schweben; — eine Anzahl zusammengehöriger, schwimmender Fahrzeuge (= Handels= und besonders Kriegs=) Schiffe.

Fohlen, s. Füllen.

Folter, f., Plur. =tern, *altfranz.* poultre, *ital.* puledro, — vom *lat.* pullus equinus (erst. von puellus, dimin. von puer [vom gleichbedeut. *griech.* poïr (ποιρ), einer (lakonischen) Nebenform vom pais (παις), Kind, Knabe, Mädchen]; equinus, a, um [equus (vergl. *griech.* gleichbedeut. hippos [ἵππος], Pferd], zum Pferde gehörig) = equúleus, dimin. von equus, letzt. auch ein hölzernes Marterwerkzeug in der Gestalt eines kleinen Pferdes; — Marterpferdchen, =werkzeug (das Ital. heißt zunächst Fohlen, Füllen).

Forelle, f., Plur. =ten, — von unermittelter Herkunft; vielleicht hängt es auch etymologisch mit dem *lat.* fario (s. u.) zusammen; — eine Lachsart (Salmo fario).

Forke, f., Plur. =ken, *engl.* fork, *ital.* forca, *lat.* furca, eine Gabel. Anm. Im Deutschen unterscheidet man Gabel und Forke, indem man unter jenem ein zwei=, unter diesem ein drei= oder vierzinkiges Werkzeug versteht.

Form, f., Plur. =men, *franz.* forme, e ftumm, *lat.* forma, — vielleicht durch Buchstabenversetzung aus gleichbedeut. *griech.* morphé (μορφή) (phormé, forma) entstanden; — Gestalt, Gebilde, Umriß. Formel, f., *lat.* formula, — letzt. dimin. von forma; — Vorschrift, Regel, Wortverbindung, Redensart, Ausdruck, (in der Größenlehre) eine allgemeine Darstellung für Berechnungen in einzelnen Fällen.

Forst, m., Plur. Forste; *engl.* und *altfranz.* forest (*neufranz.* forêt, spr. foräh), *ital.* (und *mittellat.*) foresta, *mittellat.* auch forestis und foresta (*span.* und *portug.* floresta), — entweder sind die roman. Formen, aus denen die deutsche gebildet wurde, Ableitungen aus *althochd.* forehahi (foraha, Föhre), Föhrenwald, oder sie sind *lat.* Ursprungs und wurzeln in dem Adverb foris, foras (foris, als Subst. Thür), thürwärts, nach außen, außerhalb, woraus später das Adjectiv forasticus, a, um, draußen befindlich, draußen, gebildet wurde, das *mittellat.* und *altroman.* forasta, foresta bezeichnete einen nicht eingezäunten Wald (im Gegensatz zu parcus, Gehege); die *span.* (und *portug.*) Form lehnt sich an *lat.* flos, gen. floris (s. Flor), an und hat auch die Bedeutung von Aue, Blumenwiese, =lese; — ein wirthschaftlich behandelter Wald (im Gegensatz zu Urwald). Förster, m., ein Waldbauer, =wirth, ein mit der Bewirthschaftung eines Waldes beauftragter Beamter, ein Waldwirth, =bauer.

Fracht, f., Plur. Frachten, *engl.* freight, spr. früht, *franz.* fret, spr. freh,

— vom *lat.* pretium (vergl. Preis) in der Bedeutung von Lohn; — Lohn für die Fortschaffung einer Last, die fortgeschaffte Last selbst, die Labung (eines Schiffes, Wagens).

Frack, m., Plur. Fracke, *franz.* frac, fraque, spr. beides frack, *engl.* frock, — verwandt mit *franz.* froc, Mönchskappe, -kutte, *mittellat.* froccus (aus *lat.* floccus, f. Flocke), ein flockiges Zeug und ein Rock aus demselben; — jetzt ein leichter, vorne ausgeschnittener Rock, ein Leibrock, Schniepel.

Fratze, f., Plur. -zen, — scheint mit *franz.* frasques, spr. fraßt, *ital.* frasche (plur. bezw. vom *franz.* frasque, spr. fraßt, Schabernack, Streich, und *ital.* frasca, belaubter Zweig, Bierwisch, Flattergeist), Possen, zusammenzuhangen; — eine Gesichtsverzerrung (wie es von Possenreißern gemacht wird), auch ein verzerrtes -, häßliches Gesicht und ein Mensch mit einem solchen

Frett oder **Frettchen**, n., Plur. erst. -te, letzt. = dem Sing., *ital.* furetto, *franz.* furet, spr. füreh, *mittellat.* furectus, *neulat.* furo, -- vom *lat.* fur, *griech.* phōr (φωρ) (phéro [φέρω], tragen, bringen hervor-, darbringen, fort-, wegtragen, -schaffen, -bewegen), der Wegträger, Dieb; — eine (diebische) Marderart (Mustela furo).

Frucht, f., Plur. Früchte, *engl.* und *franz.* fruit, erst. spr. fruht, letzt. früh, *lat.* fructus, — fructum, 1. supin. (fructus, a, um, part. perf.) von frui, genießen; — das Genossene (was man genießt oder genießen kann), das (besonders auf -, an Pflanzen) Hervorgebrachte, Erzeugte, was man genießen -, was genossen werden kann.

Fuge, f., Plur. Fugen, *franz.* fugue, spr. sühg, *ital.* und *span.* fuga, vom *lat.* fuga, *griech.* phygé (φυγή) (bezw. vom *lat.* fügere und *griech.* pheúgein [φεύγειν], fliehen, flüchten), das Fliehen, die Flucht; nach Andern vom deutschen fügen und in diesem Falle kein Lehnwort; — ein mehrstimmiges, eigenthümlich gesetztes Musikstück (in welchem die einzelnen Stimmen vor einander zu fliehen -, sich zu jagen scheinen)

Füllen, **Fohlen**, n., Plur. gleichlaut., *griech.* pōlos (πῶλος), — vergl. auch *lat.* pullus unter Folter; — das Junge eines Pferdes, Esels ꝛc.

Fuß, m., Plur. Füße, *griech.* pūs (πους), -- davon auch gleichbedeut *lat.* pes, *franz.* pied, spr. pjeh, *ital.* piede, *span.* pie; — der unterste Theil, worauf ein Ding steht, besonders das unterste Glied eines Menschen und Thieres.

G.

Gallert, n., **Gallerte**, f., — vom *lat.* gelátus, a, um, part. perf. (gelátum, 1. supin.) von gelâre (gelu, gelum oder gelus, Eiskälte, Frost), gefrieren machen, gefrieren; — eine (durch Kaltwerden -, Abkühlung aus einer leimhaltigen Flüssigkeit entstandene) dickschleimige Masse, ein Dicksaft (aus thierischen und pflanzlichen Stoffen).

Galmei, m., *franz.* calamine, spr. -mihn, *span.* und *mittellat.* calamina, *lat.* cadmia, *griech.* kadmia oder -meia (καδμία oder -μεία), — angeblich nach Kadmos, dem Gründer Thebens benannt, welcher das Schmelzen des Erzes aufgebracht haben soll; — kohlensaures Zinkoxyd (welches zum Erzguß nöthig ist).

Galoschen, s. Galloschen.

Gamander, m., *lat.* chamaédris, *griech.* chamaidrys (χαμαίδρυς), — chamai (χαμαί), auf der Erde, am Boden; drys (δρῦς), Eiche, Baum; — (wörtlich Erd-, Zwergeiche) eine zur Familie der Lippenblumen gehörige Pflanzengattung.

Gamaschen, s. Kamaschen.

Gant, f., Plur. -ten, *franz.* encan, spr. anglang, *ital.* incanto, *mittellat.* incantum, — vom *lat.* quanti (oder in quantum), gen. von quantum (quantus, a, um, wie groß), wie hoch (im Preise), wie theuer; — Versteigerung; verganten, versteigern.

Garde, f., Plur. =den, franz. spr. gahrd, span. guarda, ital. guardia, — die roman. Formen wurzeln im althochd. warta, Warte, Wache; — Schutz=, Leibwache (besonders eines Landesherrn).

Gardine, f., Plur. =dinen, franz. courtine, spr. kurtihn (engl. curtain, spr. körtinn), ital. cortina, — vom mittellat. cortina (lat. cortina, ein rundes Gefäß, ein Kessel zum Färben, eine (kesselförmige) Rundung, ein Kreis), ein Höfchen, eine Mauer zwischen Bastionen, Vorhang um den Altar, überhaupt etwas Schützendes; — Bettumhang, Fenstervorhang.

Gaul, m., Plur. Gäule, — nach Einigen (neben franz. cheval, spr. schöwall, ital. cavallo, portug. caval, span. caballo, Pferd) vom gleichbedeut. lat. caballus, griech. kabállēs (καβάλλης) (vergl. auch hebr. gâmal, unter Kameel); nach Andern deutschen Ursprungs; — ein (zu gemeiner schwerer Arbeit verwendetes) Pferd.

Gazelle, f., Plur. =zellen, franz. gazelle, spr. gassell, ital. gazella, span. gazela (gazel heißt im Span. der Damhirsch), arab. gazúl, eine Antilopenart.

Gelb (in Zusammensetzung auch gilb), spätlat. gilbus, früher gilvus, a, um, eine Farbe.

Gergel oder Girgel, m., Plur. gleichlaut., — soll aus lat. gyrus, griech. gyros (γῦρος), Kreis, Rundung, besonders eine kreisförmige Vertiefung, Rinne, gebildet sein; — die Rinne in Faßdauben, in welche der Boden eingefügt wird.

Geschwader, n., Plur. gleichlaut., franz. escadre, spr. =der, ital. squadra, — gleicher Ableitung mit Schwadron, s. d.; — eine Anzahl zusammengehöriger Schiffe, auch = Schwadron.

Gespan, m., Plur. =ne, — vom serb. ban, poln. und russ. pan (vergl. griech. pas, pāsa, pān [πᾶς, πᾶσα, πᾶν], jeder, all, ganz), der Herr, Gebieter (über ein Ganzes); — der Oberbeamte eines Verwaltungsbezirks (einer Gespanschaft) in Ungarn.

Gespons, m. und f., Plur. bezw. =se und =sen, lat. sponsus, m., sponsa, f., — sponsus, a, um, part. perf. (sponsum, 1. supin.) von spondere (vergl. griech. spondé [σπονδή] [von spéndō (σπένδω), aus=, vergießen], Trankopfer), feierlich einen Vertrag =, ein Bündniß schließen, heilig versprechen, ge=, verloben; — der =, die Verlobte, der Bräutigam, die Braut; spönseln, den Verliebten spielen.

Gestern, altengl. yester, neuengl. yesterday, lat. heri (davon das Adjekt. hesternus, a, um, gestrig), griech. chthes [χθές], ursprüngl. ches [χές], der Tag vor heute.

Gesund (engl. sound, spr. saund), franz. sain, saine, spr. säng, sähn, span. und ital. sano, lat. sanus, a, um, griech. sáos, sóos oder sôos [σάος, σόος oder σῶος], im regelrechten (normalen) Zustande befindlich, regelrecht beschaffen.

Gevatter, m., Plur. =tern, — von Vater, s. d.; — Mitvater (die Vorsilbe ge hat hier wie in Genosse, Gefährte etc. die Bedeutung von mit), Taufzeuge (vergl. auch Pathe).

Ginster, Genster, Geniste, Geneste, Ginst, Genst, m., ital. ginestra, lat. genista oder genesta, eine zu den Schmetterlingsblüthern gehörige Pflanze.

Gips, m., Plur. Gipse, franz. gypso, m., spr. schips, lat. gypsum, n., griech. gýpsos (γύψος), schwefelsaurer Kalk.

Giraffe, f., Plur. =fen, ital. giraffa, span. girafa, franz. girafe, spr. schirahf, arab. zarrâfah, zirâfah oder zorâfah, ägypt. sor-aphé (d. i. Langhals), Kameelparder (eine Familie der [gehörnten] Wiederkäuer).

Girgel = Gergel, s. d.

Glas, n., Plur. Gläser, — vom franz. glace, spr. glahß, lat. glacies, Eis (im Franz. auch Glas); nach Andern deutschen Ursprungs; — ein durchsichtiger (eisähnlicher, aus Kali, Kalk und Kieselerde [oder aus anderen Stoffen] bestehender) Körper.

Gletscher, m., Plur. gleichlaut., franz. glaciers, spr. glasjähr (letzt. Plur. von einem in dieser Bedeutung nicht vorkommenden Sing.; das gebräuchliche glacier bezeichnet Jemand, der Gefrornes macht); — von glace (s. Glas) in der Bedeutung von Eis; — Eisberg, d. i. ein mit einer Eisdecke belegter Berg.

Grad, m., Plur. Grade, *lat.* gradus, ursprünglich (im Lat.) Schritt, dann (wie auch im Deutsch.) Stufe, (in der Mathem.) der 360. Theil eines Kreises.

Gran, n. oder m., Grän, n., Plur. in beiden Fällen = ne, *franz.* grain, spr. gräng, — vom *lat.* granum, ein Getreidekorn, überhaupt ein Korn, Körnchen, Fruchtkern, Kern (diese Bedeutung hat [neben der unten angegebenen] auch das Franz.); — ein kleines (Apotheker-)Gewicht (1 Pfd. = 5760 Gran = 17280 Grän). **Granat**, m., Plur. = ten, ein (gewöhnlich in der Gestalt kleiner Körner gefundener) (rother) Edelstein. **Granate**, f., Plur. = ten (der Granatapfel), die (rothe, zahlreiche Samenkörner enthaltende) Frucht des Granatbaumes (Punica granatum), ein (mit Pulverkörnern gefülltes, an Gestalt einem Granatapfel ähnliches) Hohlgeschoß. **Granit**, m., Plur. = nite, *franz.* granit, = nite, spr. = nih, = niht, *span.* und *ital.* granito, ein (körnig aussehendes) Gestein.

Grand, m., — vom *lat.* grando, Hagel, Schloßen; — ein grober (hagelkörniger) Sand.

Grenze, f., Plur. = zen, *poln.* granica, *russ.* graniza, der Punkt oder die Linie, wo etwas aufhört, das Ende einer Sache.

Greif, m., Plur. Greife, *franz.* griffon, spr. = fong, *span.* grifo, *ital.* grifone, *lat.* gryphus oder gryps, letzt. auch *griech.* (γρυψ), gen. grypós (γρυπός), ein fabelhafter vierfüßiger Vogel (den man sich aus dem Leibe und den Füßen eines Löwen, dem Kopf und den Flügeln eines Adlers und den Ohren eines Pferdes oder auch anders zusammengesetzt dachte), jetzt der Kondor (Sarcoramphus gryphus), ein zur Familie der Geier gehöriger Raub = und der größte aller Luftvögel.

Grille, f., Plur. = len, *lat.* gryllus, — *griech.* gryllos (γρύλλος) (gry [γρῦ], bezeichnet den [Quick-] Grunzlaut der Schweine), ein grunzendes (quickendes) Ferkel; — ein zirpendes (gleichsam quickendes) Insekt aus der Ordnung der Geradflügler.

Grimasse, f., Plur. = sen, *franz.* grimace, spr. = mahs, — letzt. wahrsch. deutschen Ursprungs (vergl. *angelsächs.* grima, Larve, Gespenst); — eine (oft absichtliche) Verzerrung des Gesichts, seltsame, unschöne Geberde.

Groschen, m., Plur. gleichlaut., *franz.* gros, spr. groh, *ital.* grosso, — vom *mittellat.* grossus, a, um (*lat.* crassus, a, um), dick; — eigentlich Dickmünze (im Gegensatz zur Blechmünze), eine Scheidemünze (von verschiedenem Werth), oder = großer Pfennig, Großpfennig, abgekürzt Groß (in der Verkleinerung Groß-, Groschen) und dann kein Lehnwort.

Grotte, f., Plur. = ten, *franz.* grotte, spr. grott, *ital.* grotta, *altfranz.* crote, = ta, — vom *lat.* crypta, *griech.* kryptē (κρύπτη) (kryptō [κρύπτω], verbergen, verstecken), verborgener Gang, Gewölbe; — Höhle, Gruft (besonders eine künstlich angelegte zur Verschönerung von Parkanlagen ꝛc.).

Gundel, Nebenform von Quendel, s. d.

Gurgel, f., Plur. = geln, *engl.* gargle, spr. = gel, *franz.* gorge, spr. gorsch, *mittellat.* gargalia, — vom *lat.* gurgulio (gurges, Abgrund, Schlund), Luftröhre; — der von außen sichtbare Theil der Luftröhre, die Kehle.

Gurke, f., Plur. = ken, *engl.* gherkin, *dän.* agurke, *niedersächs.* augurke, — vom *griech.* ágguron oder aggúrion (ἄγγουρον, ἀγγούριον), ag-, spr. an-, die Wassermelone; — eine Kürbisart (Cucumis sativus).

Gurkemei, f., — verstümmeltes Kurkume, *neulat.* curcúma (vergl. *arab.* krukum, Name für mehrere Arten gelber Wurzeln; *hebr.* karkom, Safran), ein Amomgewächs; — die gelben Wurzelknollen der langen Kurkume (Curcúma longa) und besonders der daraus gewonnene Farbestoff.

H.

Haben, *lat.* habére, halten, besitzen.

Halm, n., Plur. **Halme,** — aus *lat.* cálamus, *griech.* kálamos (κάλαμος), Rohr, Schilf, Fruchtstengel; — der Stengel der Gräser, Grasstengel.

Häring, n., Plur. =ge, *franz.* hareng, spr. areng, *neulat.* haréngus, — vom *lat.* halec (vom *griech.* huls, gen. halós [ἅλς, gen. ἁλός], Salz, Meer), Salzlake, =fisch, gesalzener Fisch; — eine Art von Bauchweichflossern (Clúpea harengus).

Harpune, f., **Harpun,** m., Plur. bezw. =nen, =ne, *engl.* harpoon, *franz.* harpon, spr. arpong, — vom *lat.* hárpago, *griech.* harpágé (ἁρπάγη) (von harpázō [ἁρπάζω], wegreißen, =raffen, rauben), ein (eiserner) Haken, um etwas an sich zu ziehen (bei den Römern besonders im Kriege, bei den Griechen zum Emporziehen der Brunneneimer gebräuchlich); nach Andern verwandt mit Harfe und mit diesem deutschen Ursprungs; — ein Haken, Wurfspieß mit einem Widerhaken (besonders beim Walfischfang angewendet).

Hasel- (in der Zusammensetzung mit =wurz), verstümmelt aus *lat.* ásarum, *griech.* ásaron (ἄσαρον), eine Pflanzenfamilie (aus der Ordnung der Osterluzeigewächse).

Halschier, Hartschier, m., Plur. =schiere, — vom *ital.* arciere oder =ro, spr. artsch= (vom *ital.* arco, *lat.* arcus, Bogen, vergl. Armbrust), Bogenschütze; — ein Leibtrabant, eine Art berittener Soldaten, auch ein Häscher, Polizeisoldat (in Wien).

Haubiße, f., Plur. =ßen, — vom *böhm.* hauf= oder hauffnice, eine hölzerne Steinschleuder; — ein großes Geschütz zum Bombenwerfen, eine Art Mörser.

Heiduck, m., Plur. =ducken, — vom *ungar.* heidu, *poln.* chaiduck, ein leicht bewaffneter Fußsoldat; — ein Diener (in ungarischer Tracht).

Hermelin, n., Plur. =line, *franz.* hermine, spr. ermihn, *mittellat.* hermellinus, *ital.* ermellino oder armellino; — letzt. könnte ein dimin. sein von armenio, a = *lat.* arménius, a, um (Arménia, Armenien, eine [vom Euphrat durchflossene] Landschaft in Asien), zu Armenien gehörig, daher kommend; so wie die alten Römer das Hermelin, dessen Fell sie zunächst aus der Landschaft Pontus (am schwarzen Meere) bekamen, mus ponticus nannten, so wurde später (unter Weglassung des Wortes mus) der Name armenius gebräuchlich, als die Hermelinfelle vorzugsweise aus Armenien bezogen wurden; — eine Iltißart (Mustéla erminia).

Husar, m., Plur. =saren, *franz.* hu= oder hussard, spr. hü= oder hüssar, auch houssard, spr. hussar, *engl.* hussar, spr. hüssahr, *ungar.* huszar, — vom *ungar.* husz, zwanzig; — eigentlich der Zwanzigste (weil unter König Matthias I. [in der Mitte des 15. Jahrh.] von 20 Häusern 1 Mann als Reiter gestellt werden mußte), jetzt ein leicht bewaffneter Kavallerist.

J (Vokal).

In, *ital.* und *lat.* gleichlaut., *griech.* en (ἐν), eine Präposition.

Indig, Indigo, m., *span.* indigo, *ital.* indaco, *lat.* indicum (nämlich pigmentum, Färbestoff), — indicus, a, um (India [Indus, *pers.* hindu, *sanskr.* sindhu, ein Fluß], das Land östlich vom Sind, Indien), Indien betreffend, indisch; — ein indischer (blauer) Färbestoff, indisches Blau.

Infel, f., Plur. =feln, *franz.* infule, spr. ängfühl, *ital.* und *lat.* infula; — (bei den alten Römern ein heiliger wollener Kopfschmuck, bei gewissen Opfern von dem Priester, dem Opfertier und dem opfernden Laien getragen, darnach) Kopfschmuck =, Mütze =, Hut eines Bischofs.

Ingwer, m., *lat.* zingiberi ober zingiber, *griech.* ziggiberis (ζιγγίβερις), fpr. zin-, *pers.* und *arab.* zendschebli, — aus dem *ind.* sringawera (sringa, Horn; wera, Gestalt), hornförmig; — eine zur Familie der Amomgewächse gehörige Bananenpflanze (Zingiber officinale).
Insekt, n., Plur. -ten, *lat.* insectum (näml. animal, Thier), — insectus, a, um, part. perf. (insectum, 1. supin.) von insecáre (in, in, ein, hinein ec.; secáre, schneiden, ab-, zerschneiden, zerlegen, zergliedern ec.), ein-, hineinschneiden; — das eingeschnittene -, eingekerbte Thier, Einschnitt-, Kerbthier, die Kerfe.
Insel, f., Plur. -seln, *lat.* insula, — in, f. Insekt; salum, n., *griech.* sálos (σάλος), m., das Meer; — ein im Meer liegendes -, von Wasser umgebenes Land (kleiner als eins der [bis dahin drei] Kontinente).
Insiegel, s. Siegel.
Irren, *franz.* errer, spr. erreh, *lat.* erráre, unwissentlich das Rechte -, Wahre verfehlen.
Isop, m., *lat.* hyssópus, f., ober -pum, n., *griech.* hýssōpos, f. (ὕσσωπος), *hebr.* êsobb, ein zu den Lippenblüthern gehöriger Halbstrauch (Hyssópus officinális).

J (Konsonant).

Jacke, f., Plur. -cken, *franz.* jaque, spr. schak (dimin. Nebenform jaquette, spr. schakett [*engl.* jacket, spr. schäcket]), — entstanden aus *franz.* Jaques, spr. schak (*engl.* Jack, spr. schäck) = *franz.* Jacob, *lat.* Jacóbus, *griech.* Jákōbos (Ἰάκωβος) (vom *hebr.* akêb, Ferse; akâb, Jemand die Ferse halten, zu Fall bringen, überlisten, betrügen), Jakob (der Fersenhalter, vergl. 1. Mos. 25, 26), dient auch zur Bezeichnung eines Dieners; — ein Kleidungsstück (zur Bedeckung der Arme und des Brustkastens, wie es besonders von dienenden und ärmeren Personen getragen wurde und zum Theil noch wird).
Jänner, Jenner, m., *lat.* januarius (näml. mensis, Monat), — januarius, a, um (Janus [entstanden aus Dianus, männl. Form zu Diana, Göttin der Jagd], ein altitalienischer Gott der Grenzen von Raum und Zeit (besonders der Zeitgrenzen, die durch Lichtwechsel der Sonne und des Mondes bestimmt werden) mit einem doppelten [vor- und rückwärts blickenden] Gesicht), den Janus betreffend; der (Janus-), erste Monat im Jahr, Winter-, Schneemonat.
Joch, n., Plur. Joche, *engl.* yoke, spr. johk, *franz.* joug, spr. schuhg, *lat.* jugum, *griech.* zygón (ζυγόν) (zýgō [ζύγω], Stamm von zengyýō oder zoúgnymi [ζευγνύω oder ζεύγνυμι], anspannen, -jochen, zusammenfügen, verbinden, heirathen), das Geschirr, mittelst dessen zwei Zugthiere (Ochsen, Pferde) an den Pflug-, Wagen gespannt werden, darnach ein Zweigespann, ein Paar, eine (schmerzlich) brüllende Last, ein Querholz (-latte, -balken), das zwei Dinge mit einander verbindet.
Jolle, Jelle, Gelle, Gölle, f., Plur. -len, — vom *lat.* gaulus, *griech.* gaulos (γαῦλος), ein (phönizisches) Kauffahrteischiff; gaulus, *griech.* gaulós (γαυλός), ein Milch-, Trinkgefäß; — ein kleines, leichtbewegliches Boot.
Joppe, s. Juppe.
Jot, n., — vom *griech.* iōta (ἰῶτα), das *griech.* i (welches allemal ein Vokal ist); — Name des deutschen j.
Jubel, n., — vom *lat.* júbilum, n. (das Jodeln der Hirten), begrifflich vermengt mit *hebr.* jôbêl (Horn, Posaune, Drommete); — das Frohlocken, Jauchzen *niedersächs.* Juchen), Freudengeschrei.
Juchten, Juften, n., *holländ.* jucht, *russ.* justj, ein (mit Birkentheer oder -öl eingeriebenes und darnach stark riechendes) russisches rothes Leder.
Jucks, Jur, m., *lat.* jocus, Scherz, Spaß, Possen.
Juli, m., *lat.* Julius (mensis, Monat), — nach dem Julius Cäsar benannt; — der siebente Monat im Jahr, der Ernte-, Heumonat.

Juni, m., *lat.* Junius (mensis, Monat), — angeblich bem Junius Brutus zu Ehren benannt; — der sechste Monat, der Brachmonat.

Juppe, Joppe, f., Plur. =pen, — vom *franz.* jupe, spr. schüpp (*ital.* giuppa ober giubba, spr. schi=, *span.* aljuba, *arab.* al gubba [al, best. Art.], eine bis zum Knie gehende Männerjacke), Rock; — ein sackartiger, kurzer Rock mit einer Schnalle hinten in der Taille zum Engermachen (wie er jetzt vielfach von Schützen, Forstleuten, Landmessern ꝛc. getragen wird).

Juwel, m. ober n., Plur. =len, *span.* joyel, *ital.* giojello, spr. scho=, *franz.* joyau, spr. schoajoh, — von unsicherer Herkunft; vielleicht zusammenhängend mit *lat.* gaudium (gaudére, sich freuen), Freude, Vergnügen, Genuß (vergl. auch jubilum, unter Jubel); — geschliffener (Freude =, Vergnügen =, Frohlocken =, Jauchzen =, Entzücken erregender) Edelstein, Kleinod, Geschmeibe.

K.

Kabel, f., Plur. =beln, *franz.* câble, spr. kahbel, *span.* (und *engl.*) cable (letzt. spr. kähbel), *mittellat.* cápulum, *mittelgriech.* kaplion (καπλίον), — der weitere Ursprung ist dunkel; — Ankertau, dickes Schiffsseil.

Kabeljau, Kabliau, m., *holländ.* kabeljaauw, *franz.* cabeliau ober cabillaud, spr. =beljoh ober =bijoh, *span.* bacal(l)a, *ital.* baccala, — von unsicherer Herkunft; die *span.* und *ital.* Form, sowie das *franz.* bacaliau, spr. bakaljoh (Stockfisch), erinnern an *lat.* baculus, Stock; — eine Art Schellfisch (Gadus mórrhua) (der gesalzen Laberban, getrocknet Stockfisch, gesalzen und getrocknet Klippfisch genannt wird).

Kacken, *ital.* und *lat.* cacáre, *griech.* kak(k)än (κακ[κ]ᾶν), Nothdurft verrichten.

Kader, m., — wahrscheinlich vom *lat.* guttur, Gurgel, Kehle, Kropf; — die hervortretende Fleisch= oder Fettfülle unter dem Kinn (woburch ein sogenanntes Doppelkinn entsteht).

Kaffe, m., *engl.* coffee, spr. koffih, *franz.* café, — von Kaffa, dem arabischen Heimathlande des Kaffees; nach Andern vom *türk.* kahweh, *arab.* kahveh oder kahuah, Wein und in aus Beeren (und daher auch aus Kaffeebohnen) gekochtes Getränk; — Frucht eines (zu den Chinabäumen gehörigen) Baums (Cofféa arabica) und ein daraus bereitetes Getränk.

Käfig, =sich, m., Plur. bezw. =ge, =che, *altfranz.* caive, *lat.* cavea, — *lat.* cavus, a, um, hohl, gehöhlt, gewölbt; — ein (jetzt gewöhnlich ganz oder doch theilweise aus Gitterwerk bestehender) Behälter für (wilde =, ungezähmte) Thiere.

Kahl, — wahrscheinlich aus gleichbebeut. *lat.* calvus, a, um entstanden; — ohne natürliche Bebeckung (als Haare, Federn ꝛc.).

Kai, m., *engl.* kay, *franz.* quai, spr. beides käh, — vom *gael.* cai, *kymr.* cae, Zaun, Umzäunung, *breton.* auch Deich; — Hafenbamm, Lösch= und Labeplatz an Häfen, d. i. ein (meistens gepflasterter, durch eine feste Einfassung [Holz= oder Mauerwerk] gegen den Andrang des Wassers) geschützter Platz an einem Hafen, auch eine Häuserreihe oder Straße an einem solchen Damm.

Kaiser, m., Plur. gleichlaut., kaisar (καίσαρ), *griech.* Form vom *lat.* Caesar (ursprünglich Eigenname, welcher entweder einen [Her=]Ausgeschnittenen [von caedere, hauen, aushauen, =schneiden] oder einen Behaarten [von caesaries (vergl. *sanskr.* kaesa, Mähne, Haar), Haar] bezeichnet und seit Augustus (Julius Cäsar zu Ehren) Titel des römischen Staatsoberhaupts wurde, jetzt der höchste Fürstentitel.

Kalende, f., Plur. =den, — vom *lat.* Caléndae, (in Hand= und Inschriften auch) Kaléndae, gen. =dárum (vom veralteten caláre [von *griech.* kaléō (καλέω), rufen, nennen, ein=, vorladen], aus=, zusammenrufen), bei den alten

Römern der erste Tag im Monat (welcher nebst den im Laufe des Monats zu feiernden Festen von dem Oberpriester durch einen Ausrufer öffentlich bekannt gemacht wurde); — eine Abgabe an Kirchendiener, welche ehedem alle Monat zu entrichten war. **Kalender**, m., Plur. gleichlaut., *mittellat.* calendarius (wobei etwa index, Anzeiger, oder liber, Buch zu ergänzen), *spätlat.* calendarium, — calendarius, a, um, den ersten Tag im Monat *, die Monate *, Zeiteintheilung *, *rechnung betreffend; — ein Buch, in welchem (meistens für ein Jahr) die Tage nach Wochen und Monaten, die Feste, die Erscheinungen am gestirnten Himmel 2c. verzeichnet sind. Anm. Gleicher Ableitung ist das Wort **Kaland**, ehedem eine (sich am ersten jedes Monats versammelnde religiöse) Brüder*, Genossenschaft, jetzt eine Schmauserei.

Kalesche, f., Plur. *schen, *franz.* calèche, spr. kaläsch, *ital.* calesse, calesso, *span.* calesa, — vom *böhm.* kolesa (*russ.* koleso, Rad), Räderfuhrwerk; — eine offene (Halb=)Kutsche.

Kalfakter, m., Plur. gleichlaut., *neulat.* calfáctor oder calefáctor, — cal= oder calefactum, 1. supin. (calefactus, a, um, part. perf. pass.) von cal= oder calefacere (cal= oder calidus, a, um [calóre, warm *, heiß sein, glühen], warm, heiß); facere, machen (vergl. Fazit), warm *, heiß machen, — erwärmen, erhitzen; — eigentlich der Ein=, Ofenheizer (z. B. einer Schule), darnach der Aufwärter, Schmeichler, Ueberträger, Ohrenbläser.

Kalfatern, *franz.* calfater, spr. *teh, *ital.* calfatáre, *mittelgriech.* kaláphatein (χαλάφατειν), — vom *arab.* kalafa, zustopfen; — Löcher und Ritzen (besonders an Schiffen 2c.) (mit Werg) verstopfen.

Kalkute, f., Plur. *ten, — nach der Stadt Kalkutta in Ostindien benannt, weil das Schiff, welches die ersten Truthühner nach Europa brachte, von Amerika erst nach Kalkutta fuhr; — die Trut=, besonders die Puterhenne (Meleagris gallopávo).

Kalk, m., Plur. **Kalke**, *lat.* calx, gen. calcis, *griech.* chálix, gen. *likos (χάλιξ, gen. *λικος) (im Lat. und Griech. Stein und besonders wie bei uns), die Verbindung des Calciums mit einer Säure.

Kamasche, f., Plur. *schen, *franz.* gamache, spr. gamasch, — vom *altfranz.* game = gambe (= *neufranz.* jambe, spr. schangb), *ital., span., portug.* gamba (im Lat. heißt dies Wort Huf), Bein, Fuß, Schenkel; — ein Bekleidungsstück für Oberfuß und Unterschenkel (gleichsam ein Ueberstrumpf oder Zeugstiefel ohne Sohle mit langem Schaft).

Kamäleon, n., *lat.* chamaéleon, m., *griech.* chamaileōn (χαμαιλέων), — chamai (χαμαί), auf der Erde am Boden; léōn (λέων), Löwe; — wörtlich der Erdlöwe, eine Eidechsengattung (Wurmzüngler).

Kameel, n., Plur. *le, *lat.* camélus, m., *griech.* kámēlos (κάμηλος), m., häufiger f., *arab.* dschaemmel oder dschaml, *hebr.* gamal, *sanskr.* kraméla, die ungehörnte Familie der Zweihufer oder Wiederkäuer, in der Naturgeschichte auch Schwielensohler (Tylopoden) genannt, besonders das bekannte Lastthier der asiatischen und afrikanischen Wüsten (das [zweihöckerige] Trampelthier [Camelus bactriánus] in Mittelasien und das [einhöckerige] Dromedar [C. dromedárius] in Arabien und Nordafrika).

Kamerad oder **Kammerad**, m., Plur. *raden, *franz.* camarade, e stumm, *span.* camarada, *ital.* camarata, — von camera, s. Kammer; — ein Kammer=, Zimmer=, Stuben=, Zelt=, Waffen=, Schulgenosse, *gefährte, ein Genosse, Gefährte überhaupt.

Kamille, f., Plur. *len, *franz.* camomille, spr. *mihj, *neulat.* chamomilla, *lat.* chamaemelon, *griech.* chamaimēlon (χαμαίμηλον), — chamai (χαμαί), auf der Erde, am Boden; melon, s. Melone; — eigentlich Erdapfel, eine zu den Kopfblüthern gehörige Pflanze (Matricária chamomilla) (wegen des apfelähnlichen Geruchs der Blüthe so genannt).

Kamin, m., Plur. *mine, *ital.* camino, *lat.* caminus, *griech.* káminos (κάμινος), f., eine Feuerstelle, *stätte, *herb (im Zimmer), Stubenherd, Schornstein.

Kam(i)fol, n., Plur. =ſole, *franz.* camisole, f., ſpr. =ſohl,⁻ — verwandt mit *franz.* chemise, ſpr. ſchemiſe, *span.* und *portug.* camisa, *ital.* camicia, ſpr. =tſchia', *ſpätlat.* camisia, — vielleicht gebildet aus *arab.* gamic (vom *ind.* kschauma, Leinenzeug), Unterkleid; — Unterkleid zur Bedeckung des Oberleibes, Wams, Jacke.

Kammer, f., Plur. =mern, — vom *lat.* cámera oder cámara, *griech.* kamára (καμάρα), Gewölbe, gewölbte Decke, Wölbung eines Zimmers, gewölbtes Zimmer; — Zimmer, nach gewöhnlichem Sprachgebrauch ein (kleines) zum Wohnen nicht beſtimmtes Zimmer (ohne Ofen), auch das (oder die) Zimmer, in welchem (welchen) die für Verwaltung landesherrlicher Einkünfte beſtellten Beamten oder die zur Mitwirkung an der Geſetzgebung eines Staates berufenen Volksvertreter arbeiten und die Geſammtheit dieſer Perſonen ſelbſt.

Kamp, m., Plur. =pe, *franz.* champ, ſpr. ſchang (camp, ſpr. kang, Feldlager, Lager), *ital.* und *span.* campo, *lat.* campus, Ebene, Fläche (beſonders auch zu kriegeriſchen Uebungen), Feld (Schlachtfeld), Platz (Tummelplatz). **Kämpe**, m., Streiter (beſonders auf dem Schlachtfelde).

Kam(p)fer, m., *franz.* camphre, ſpr. kangfer, *ital.* cánfora, *neulat.* cámphora, *span.* alcanfor, *arab.* al-káfūr, *sanskr.* karpura (verwandt iſt *hebr.* kopher, Harz), ein weißer, brennbarer Harzſtoff (von durchdringendem Geruch und Geſchmack) eines zu den Lorbeergewächſen gehörigen Baumes (Pérsea cámphora).

Kanal, m., Plur. =näle, *span.* canál, *franz.* (und *engl.*) canal, ſpr. =nahl (*engl.* ſpr. kännäll), *ital.* canale, — vom *lat.* canna, *griech.* kánna oder kánnē (κάννα oder κάννη), Rohr, Schilf, Rohrpfeife; — Röhre, Rinne, Waſſerröhre, =rinne, =graben, =leitung, ein Verbindungsweg für darin ſtrömende Flüſſigkeiten, eine Waſſerſtraße (beſonders eine künſtliche) zwiſchen zwei Gewäſſern.

Kanel, m., *span.* canela, *franz.* cannelle, Schluß=e ſtumm, *ital.* cannella, — die *roman.* ſind eigentlich Diminutivformen, bezw. vom *span.* caña, *franz.* canne, *ital.* canna = *lat.* canna, ſ. Kanal; — der Zimmt (ſ. b.) (die [zu kleinen Röhren aufgerollte] Rinde des Zimmtbaums [Pérsea cinnamómum]).

Kandel, **Kändel** oder **Kennel**, m., — von canna, ſ. Kanal; — Dachrinne.

Kanaſter, m., *franz.* canastre, ſpr. =ſter, — vom *span.* canastro, *ital.* canestro oder =stra (vom *lat.* canistrum, *griech.* káni=, kány=, kána=, kánnastron (κάνι=, κάνυ=, κάνα=, κάνναστρον) (von kanna, ſ. Kanal), ein aus Rohr geflochtener Korb für Brod, Früchte; — ein feiner Rauchtabak.

Kanne, f., Plur. =nen, — von canna, ſ. Kanal; — ein (röhrenförmiges) Trinkgefäß, ein Maß für Flüſſigkeit.

Kaninchen, n., Plur. gleichlaut., *franz.* connil, =nin, letzt. ſpr. =näng, *span.* conejo, *ital.* coniglio, ſpr. =niljo, *lat.* cuniculus, *griech.* kó=, ký=, kúniklos (κό=, κύ=, κούνικλος), — weitere Abſtammung unermittelt; — ein zur Familie der Haſen gehöriges Nagelthier (Lepus cuniculus).

Kanker, m., — vom *lat.* cancer, Krebs; — eine (krebsähnliche) Spinne, eine (krebsähnliche) Krankheit (der Blumen).

Kanone, f., **Kanon**, n., Plur. =nen, *franz.* canon, ſpr. =nong, *span.* cañon, *ital.* cannone, — von canna, ſ. Kanal; — ein großes Geſchützrohr, grobes Geſchütz.

Kante, f., Plur. =ten, *portug.*, *span.* und *ital.* canto, — *lat.* canthus, *griech.* (hier ein Fremdwort) kanthós (κανϑός), der eiſerne Reifen um ein Rad (im *Griech.* außerdem der Augenwinkel); vergl. *kymr.* cant, Radſchiene, Rand, Kreis, Umzäunung; — der Rand, die äußerſte Seite, der äußere Flächenwinkel (im *Ital.* auch Gegend).

Kanton, m., Plur. =tone, *franz.* canton, ſpr. kangtong, *ital.* cantone, Landſtrich, Bezirk, Kreis, beſonders jede der zu einem Ganzen vereinigten kleinen republikaniſchen Staatsgemeinſchaften der Schweiz.

Kanzel, f., Plur. =zeln, — vom *franz.* can= oder chancel, ſpr. kang=, ſchangſel, *ital.* cancello, ſpr. =tſchello, *lat.* cancelli (dimin. von cancer, verwandt mit gleichbedeut. *griech.* kigklis (κιγκλίς, spr. kin=), Gitter, Umgitterung, =zäunung, Schranken und der davon ab=, eingeschlossene oder umgebene Raum; — der mit einem Gitter oder einer andern Einfassung umgebene (gewöhnlich erhöhte) Platz in einer Kirche, von welchem aus der Geistliche seine Vorträge hält, der Predigt=, Rede=, Lehrstand, =stuhl in einer Kirche. **Kanz(e)lei**, f., Plur. =leien, die Gerichtsschranken, der umgitterte Raum (eines Zimmers), in welchem ein Gericht seine Sitzungen abhält, das Gericht selbst, eine Ausfertigungsbehörde. **Kanzler**, m., Plur gleichlaut., *spätlat.* cancellárius, Vorsteher einer Kanzlei, auch (besonders in Zusammensetzungen) ein hoher Staatsbeamtentitel.

Kap, n., Plur. **Kape**, *franz.* cap, *engl.* cape, spr. käpp, *ital.* capo, — vom *lat.* caput, f. Kopf; — Vorgebirge.

Kapaun, m., Plur. =nen, *franz.* chapon, spr. schapong, *ital.* cappono, *span.* capón, *lat.* capo (oder =us), *griech.* kápōn (κάπων), — kóptō (κόπτω), schlagen, hauen; — ein verschnittener Hahn.

Kapelle, f., Plur. =len, *mittellat.* capella (im klass. Lat. ist dies Wort dimin. von capra, Ziege), *ital.* cappella, *franz.* chapelle, spr. schapell, — capella (chapelle) (dimin. vom *ital.* cappa [*franz.* chape, spr. scháp], f. Kappe), ein kleiner (kurzer) Mantel, speziell ein Stück von dem Mantel des heiligen Martin, welches früher die fränkischen Könige in einem Gemach einer kleinen Hofkirche aufbewahren ließen, daher diese und später jede kleine Kirche so genannt wurde; — eine kleine (Neben=)Kirche, ein Bethaus (ursprünglich meistens ohne Taufstein und Altar), später auch das bei einer Kirchenmusik thätige Künstlerpersonal und jetzt außerdem ein vollstimmiger Tonkünstlerverein überhaupt. **Kap(el)lan**, m., Plur. =lane, *mittellat.* capellánus, *ital.* =lano, ein Geistlicher an einer Kapelle.

Kaper, m., Plur. gleichlaut., gleichlaut. im Holländ., *franz.* capre, spr. =per, — *holländ.* kaper (vielleicht zusammenhängend mit *lat.* capere, f. Kappe), rauben, entwenden; nach Andern von Kap (f. d.), weil die Seeräuber sich oft hinter Vorgebirgen versteckt hielten; — Freibeuter, Seeräuber. **Kaperei**, f., Plur. =reien, Freibeuterei, Seeräuberei.

Kap(i)län, m., Plur. =läne, *franz.* capitaine, spr. =täh̆n, *engl.* captain, spr. käptin, *span.* capitán, *ital.* capitano, *mittellat.* capitanēus, — vom *lat.* caput, f. Kopf; — Hauptmann, Führer (einer Kompagnie oder eines [größeren] Schiffes). **Kap(i)tal**, n., *franz.* capital, *ital.* =tale, Hauptvermögen, =geld (besonders zinsentragendes), **Kapitel**, n., Plur. gleichlaut., *ital.* capitolo, *lat.* capitulum — letzt. dimin. von caput: — eigentlich ein kleiner Kopf, Köpfchen, dann (nach dem Spätlat.) ein Hauptstück, =abschnitt (einer Schrift, eines Buches), eine Versammlung von Mönchen, = Geistlichen (ursprünglich zum Vorlesen von Kapiteln aus ihren Ordensschriften) und der Ort einer solchen Versammlung.

Kappe, f., Plur. **Kappen**, *mittellat.* und *ital.* cappa, *mittellat.*, *span.* und *portug.* cupa, *franz.* cape (auch chape, spr. scha̅p), e stumm, — wahrscheinlich vom *lat.* cápere, nehmen, fassen (umfassen), greifen, erfassen, er=, begreifen, verstehen 2c. (vielleicht unter Einwirkung von caput, f. Kopf); — eigentlich wol das Umfassende, Umgebende, ursprünglich ein weites Oberkleid, ein Mantel mit einer Bedeckung für den Kopf, jetzt ausschließlich eine den ganzen Kopf (mit Ausnahme des Gesichts) oder auch nur den Oberkopf bedeckendes Kleidungsstück. **Kappen**, (die Kappe =), den Kopf =, das Oberste abnehmen, =schneiden, =hauen (z. B. den Bäumen).

Kappzaum, m., Plur. =zäume, *franz.* caveçon, spr. =ßong, *ital.* cavezzone, *span.* cabezón, — cavezzone vom *ital.* cavezzo, Halfter; cabezon vom *span.* cabéza, Kopf, Haupt (beides vom *lat.* caput, f. Kopf); — ein Zaum mit einem Nasenband statt des Gebisses.

Kapsel, f., Plur. =feln, *lat.* capsélla, cápsula, — letzt. sind dimin. von capsa (capere, f. Kappe), ein Behältniß, Kasten; — ein kleiner Behälter, in welchem ein genau hineinpassender Gegenstand gegen äußere schädliche Einwirkungen geschützt wird und welcher gewöhnlich mit einem Deckel versehen ist, an welchem sich ein Scharnier befindet.

Kaputt, — vom *franz.* capot, spr. =poh (von cape, s. Kappe) in der Bedeutung von Matsch (z. B. in der Redensart: il est capot, er verliert alle Stiche); — verloren, vernichtet, zu Grunde gerichtet, zerbrochen, entzwei, entkräftet, matt.

Kapuze, f., Plur. =puzen, *franz.* capuce, spr. =pühs, *span.* capuz oder capucho, *ital.* capuccio, spr. beides =putscho, — von cappa, s. Kappe; — Mantel mit einer Kappe, Kappe, Mönchskutte.

Karabiner, m., Plur. gleichlaut., *franz.* (u. *engl.*) carabine, spr. =bihn (*engl.* kärräbeihn), *engl.* auch carbine, spr. kärrbeihn, *span., ital., portug.* carabina, — nach Einigen zusammengezogen aus carabagina (vom *mittellat.* carabága, verderbt aus dem gleichbedeut. ca= oder chadábula, Kriegsmaschine, und dieses aus *griech.* katabolé [καταβολη] (katá [κατα]), von oben herab, wider (auch wieder), gegen, entgegen, bei, in, auf, wirkt (in Zusammensetzungen) auch verstärkend; balló, s. Ball], das Niederlegen, Erlegen; nach Andern carabine aus *provenz.* calabre = cadable = chadabula; — ein kurzes Feuergewehr (zwischen Pistole und Flinte), eine Reiterflinte.

Karaffe, f., Plur. =fen, *franz.* carafe, e stumm, *ital.* caraffa, *span.* garráfa, — vom *arab.* garáfa, schöpfen; — eine Flasche mit weitem Bauche und engem Halse.

Karakter, m., Plur. =tere, *span.* caracter, *franz.* caractère, spr. =tähr, *ital.* carattere, *lat.* cháracter, *griech.* charaktér, gen. =téros (χαρακτηρ, gen. =τηρος), — charásso oder charátto (χαράσσω oder χαράττω), scharf =, spitz machen, zuspitzen, wetzen, einschneiden, =graben, =hauen, =prägen; — eigentlich ein Werkzeug zum Einprägen &c., dann das Gepräge &c., das (aufgeprägte) eigenthümliche Merkmal, =Kennzeichen, =Wesen, die Eigenheit, =art (besonders in sittlicher Beziehung), der beharrliche Zustand des Begehrungsvermögens eines Menschen, auch Titel, Würde, Stand &c.

Karat, n., Plur. =rate, *franz.* carat, spr. karah, *ital.* carato, *span.* quilate (carato bezeichnet hier eine Kampfsart), — vom *arab.* quirát, *griech.* kerátion, dimin. von kéras, Horn (κεράτιον, dimin. von κέρας), kleines Horn, die hornförmig gebogene Frucht des Johannisbrodbaums (Ceratonia siliqua), welche als Gewicht diente; — ein kleines Goldgewicht = $^1/_{24}$ Mark.

Karawane, f., Plur. =wanen, *franz.* caravane, spr. =wahn, — vom *arab.* kairawân, *pers.* kâr= oder kirwân, durch verschiedene Gegenden reisen; — ein (besonders auf Kameelen ausgeführter) Reise=, Pilger=, Handelszug in Asien und Afrika.

Karbatsche, f., Plur. **Karbatschen,** (*span.* corbacho, spr. =batscho, *franz.* cravache, spr. =wabsch), *russ.* karbatsch, *arab.* karbadsch, eine von ledernen Riemen geflochtene (Reit=)Peitsche.

Karbe oder **Karve,** *ital.* carvi, *neulat.* carum, *griech.* káron (κάρον), gemeiner (Feld=)Kümmel (Carum carvi) (eine Doldenpflanze).

Karde, f., Plur. =den, *franz.* carde, e stumm, *portug., span.* und *ital.* carda, — *lat.* carduus, Distel, — eine Distelart, zum Aufkratzen der Haare auf Wollstoffen benutzt (jetzt Dipsacus [besonders fullórum]), auch ein distelförmiges Werkzeug (zum Putzen der Pferde), Striegel; in diesem Sinne auch **Kardätsche,** Plur. =schen, genannt.

Karduse, f., Plur. =dusen, — eine Nebenform von Kartusche, s. u.; — eine Kartätschenbüchse aus Pappe, Holz oder Blech, mit dem zur Ladung einer Kanone erforderlichen Pulver. **Kartusche,** f., Plur. =schen, *franz.* cartouche, *ital.* cartoccio, spr. =totscho, — Diminutivform von *franz.* carte, *ital.* carta, vergl. Karte; — eigentlich Papierchen, Papierdüte, =hülse, Patrone (eine in Papier eingewickelte Ladung für ein Schießgewehr), auch zierliche Einfassung, Randverzierung, Ziertitel.

Karren, m., Plur. gleichlaut., *ital.* und *span.* carro, — vom *lat.* carrus (scheint gallischen Ursprungs), ein (vierrädriger) Wagen; — ein schlechtes (vier= oder zweirädriges) Fuhrwerk. **Karre,** f. (Nebenform von Karren), Plur. =ren, ein (zwei= oder einrädriges) Schub= oder Schiebwerk.

Karte, f., Plur. -ten, *franz.* carte, c stumm, *span.* und *ital.* carta, — vom *lat.* charta, *griech.* chártēs (χάρτης) (von charássō [χαράσσω], scharf -, spitz machen, zuspitzen, wetzen, einschneiden, -graben, -hauen, -prägen), ein (oft steifes) Stück oder Blatt Papier, das zu einem bestimmten Zweck mit Inschriften, Bildern, Zeichnungen ꝛc. versehen ist (Verlobungs-, Besuchs-, Spiel-, Land-, Seekarten ꝛc.).

Karthaune, f., Plur. -nen, — vom *lat.* quartáua (quartáuus, a, um [quartus, s. Quart], zum Vierten gehörig) = Viertelstück, ehedem ein Geschütz, welches Kugeln von 25 Pfd. (= ¼ Hundert) schoß; — ein grobes Geschütz, eine kurze dicke Kanone.

Karthause, f., Plur. -sen, *franz.* chartreuse, spr. schartröhs; — Chartreuse, *mittellat.* Carthusia, ein Ort und eine Gegend bei Grenoble im südlichen Frankreich (Dauphiné), wo das erste Kloster des darnach benannten sehr strengen Ordens der Karthäuser stand; — ein Kloster der Karthäuser, überhaupt eine enge (Mönchs-)Zelle.

Kartoffel, f., Plur. -feln, *mundartl.* tartoffel, *mailänd.* tartuffol, *venez.* tartufola, *ital.* tartufa, — vergl. Trüffel; — eine Art Nachtschatten (Solánum tuberósum) (deren eßbare Knollen Aehnlichkeit mit der Trüffel haben).

Karzer, s. Kerker.

Kasematte, f., Plur. -ten, *franz.* casemate, spr. -maht, *span.* casamata, *ital.* casamatta, — vielleicht zusammengesetzt aus casa und matta (casa, *lat.* und in den meisten roman. Sprachen Hütte, Häuschen; in dem zweiten Theil des Wortes liegt vielleicht das *ital.* mattone, Backstein: Andere denken dabei an das *sizilian.* matto, a, düster, und würde demnach das fragliche Wort ein düsteres Haus bedeuten; noch Andere finden darin eine Verstümmelung von casa armata (armatus, a, um, part. perf. pass. von armáre, s. Armee), befestigtes Schloß; auch das *griech.* chásmata (χάσματα), plur. von chásma (χάσμα) (Stamm cháō [χάω], offen sein, aufklaffen), eine klaffende -, gähnende Oeffnung, Schlund, Grube, Höhle, ist wol in Betracht gezogen; — ein bombenfestes Gewölbe unter dem Wall einer Festung.

Käse, m., Plur. gleichlaut., *lat.* cáseus, ein aus geronnener Milch bereitetes Nahrungsmittel.

Kasse, f., Plur. -sen, *franz.* caisse, spr. läß. *ital.* cassa, *span.* caja oder caxa, — vom *lat.* capsa, s. Kapsel; — Kiste, Kasten, besonders Geldkasten, -vorrath.

Kastanie, f., Plur. -nien, *lat.* castánea, *griech.* kastanéa oder kástanon (κασταννέα, κάστανον), — angeblich nach der Stadt Kástanis in Kleinasien oder nach einem Orte Kastanaia in Thessalien benannt (weil der Baum dort wuchs); — ein zur Familie der Hüllfrüchtler gehöriger Baum (Castanea vesca) und die (eßbare) Frucht desselben.

Kaste, f., Plur. -sten, *span.* und *portug.* casta, — vom *lat.* castus, a, um (verwandt mit *griech.* katharós, s. Ketzer), rein, lauter, fleckenlos, keusch, züchtig ꝛc.; — eigentlich etwas Reines, Unvermischtes, daher (im alten Aegypten und Indien) ein erblicher Stand (welcher sich mit andern nicht vermischen durfte), darnach jetzt auch eine Gesellschaftsklasse, welche sich von andern (niedern) Ständen abschließt, -diese ausschließt.

Kasteien, — gebildet aus *lat.* castigáre (castus, s. Kaste; ágere, *griech.* ágein [ἄγειν], in Bewegung setzen, treiben, führen, leiten, lenken), rein machen (durch Worte, Handlungen), zurechtführen, -leiten, -weisen, tadeln, schelten, züchtigen, strafen; -reinigen, quälen, geißeln (besonders aus [erheuchelter oder aufrichtiger] Zerknirschung über eigne Sündhaftigkeit).

Kasten, m., — gleicher Ableit. mit Kiste, s. d.; — ein viereckiger (ursprünglich hölzerner, nicht verschließbarer) Behälter (mit oder ohne Deckel).

Kater, m., Plur. gleichlaut., *lat.* catus, die männliche Katze.

Kattun, m., Plur. -tune, — *engl.* cotton, spr. kötten, *franz.* coton, spr. kotong, *ital.* cotone, *span.* algodón, *arab.* (al-)qóton (al = best. Artikel), Baumwolle; — ein dünnes (gewöhnlich gemustertes) Baumwollenzeug.

Katze, f., Plur. -zen, *niedersächs.* katt, *mittellat.* catta, weibliche Form von Kater, s. b., (verallgemeinert) eine zu den fleischfressenden Raubthieren gehörige Thierart, -gattung, -familie.

Kauder, m., — gleicher Ableit. mit Kolter, s. b.; — (eigentlich womit etwas ausgestopft wird, daher) Werg, s. b.

Kaufen, — vielleicht vom *lat.* capere (s. Kappe); — gegen Bezahlung -, - Erlegung einer vereinbarten Summe Geldes fremdes Eigenthum in Besitz nehmen, - empfangen, - an sich bringen.

Kelch, m., Plur. **Kelche,** *lat.* calix, *griech.* kýlix ($\kappa\acute{v}\lambda\iota\xi$), ein Trinkgeschirr, -gefäß, Becher, auch die äußere (erste) meist grün gefärbte Blüthenhülle (in diesem Sinne von gleichbedeut. *lat.* calyx, *griech.* kályx [$\kappa\acute{\alpha}\lambda v \xi$] [kalýptō ($\kappa\alpha\lambda\acute{v}\pi\tau\omega$), bedecken, verhüllen]).

Kelle, f., Plur. -len, *franz.* cuiller, spr. küjeh, — vom *lat.* cochlear, -āre oder -ārium (*lat.* cóchlea, *griech.* kochlias [$\kappa o \chi \lambda \acute{\iota} \alpha \varsigma$], Schnecke; *griech.* kóchlos [$\kappa\acute{o}\chi\lambda o\varsigma$], Muschel), Löffel; — ein (löffelartiges) Handwerkszeug der Maurer (im Franz. auch Löffel).

Keller, m., Plur. gleichlaut., — vom *lat.* cella, s. Zelle; — eine unterirdische Vorrathskammer.

Kerbel, m.; *franz.* cerfeuil, spr. ßerföhj, *ital.* cerfug- oder cerfoglio, *lat.* ce- oder caerefolium, letzt. eine Nachbildung von chaerephyllon, *lat.* Form vom *griech.* chairéphyllon ($\chi\alpha\iota\varrho\acute{\varepsilon}\varphi v\lambda\lambda o v$), — chairō ($\chi\alpha\acute{\iota}\varrho\omega$), sich freuen, auch lieben, gern haben; phyllon ($\varphi\acute{v}\lambda\lambda o v$), von dem auch das gleichbedeut. *lat.* folium (phýō [$\varphi\acute{v}\omega$], hervorbringen, entstehen lassen, entstehen, werden, wachsen), Blatt; — eine zu den Schirmblüthern gehörige (blätterreiche, sich [vieler] Blätter erfreuende) Pflanze (Anthriscus cerefolium). Anm. Chaerophyllum bezeichnet jetzt ein anderes Doldengewächs, den Kälberkropf.

Kerker, m., Plur. gleichlaut., *lat.* carcer, *griech.* kárkaron ($\kappa\acute{\alpha}\varrho\kappa\alpha\varrho o v$), Gefängniß. **Karzer,** m., ein Arrestlokal für Schüler an (höheren) Lehranstalten.

Kerze, f., — vom *lat.* cera, *griech.* kērós ($\kappa\eta\varrho\acute{o}\varsigma$), Wachs; — ein Licht aus Wachs, Talg 2c.

Kessel, m., Plur. gleichlaut., *niedersächs.* ketel, — vielleicht vom *lat.* catillus, dimin. von catinus, Napf, Tiegel, Pfanne; — ein metallenes Gefäß zum Kochen.

Kette, f., Plur. -ten, *lat.* catena, eine Reihe zusammenhängender Dinge (besonders in einander gefügter [Metall-]Ringe).

Ketzer, m., Plur. gleichlaut., — vom *griech.* katharós, á, ón ($\kappa\alpha\vartheta\alpha\varrho\acute{o}\varsigma$, ά, όν) (kathairō [$\kappa\alpha\vartheta\alpha\acute{\iota}\varrho\omega$], reinigen, putzen, fegen), rein, unbefleckt, unbescholten, lauter, unvermischt, — eigentlich Reine (wie sich die Waldenser mit Bezug auf ihren [von vielen Irrthümern und Mißbräuchen] gereinigten Gottesdienst selber nannten, daher bei den Katholiken spottend), jeder Christ, welcher nicht der katholischen Kirche angehört, (also in ihrem Sinne) ein Wahn-, Irrgläubiger.

Kicher (mit und ohne -erbse), f., Plur. -chern, *lat.* cicer, Platterbse (besonders Cicer arcetinum).

Kinn, n., Plur. **Kinne,** *althochd.* chinni, *griech.* géncion oder génys ($\gamma\acute{\varepsilon}v\varepsilon\iota o v$, $\gamma\acute{\varepsilon}v v\varsigma$), der untere Theil des (menschlichen) Gesichts.

Kirche, f., Plur. -chen, *kirchengriech.* kyriakē (ekklēsía, Versammlung) ($\kappa v \varrho \iota \alpha \kappa \acute{\eta}$ [$\grave{\varepsilon}\kappa\kappa\lambda\eta\sigma\acute{\iota}\alpha$]), eine (durch einen Herold) zusammenberufene Versammlung, — kyriakós, ó, ón ($\kappa v \varrho \iota \alpha \kappa \acute{o} \varsigma$, $\acute{\eta}$, $\acute{o} v$) (kýrios [$\kappa\acute{v}\varrho\iota o\varsigma$] (kyros ($\kappa\tilde{v}\varrho o\varsigma$), Hauptsache, Gewalt, Macht, Ansehen, Kraft], Herr, Gebieter, Eigenthümer, Besitzer), einem Herrn gehörig, ihn betreffend; (in der Kirchenspr.) kyriakē hēméra ($\kappa v \varrho \iota \alpha \kappa \grave{\eta}$ $\acute{\eta}\mu\acute{\varepsilon}\varrho\alpha$), Tag des Herrn; kyriakón oikíon ($\kappa v \varrho \iota \alpha \kappa \acute{o} v$ $o i \kappa \acute{\iota} o v$), Wohnung -, Haus -, Tempel des Herrn; — eigentlich die (berufene) Versammlung des Herrn Jesu, die (versammelte) Christengemeinde, die Christenheit, das christliche Gotteshaus.

Kirmeß, Kirmse, f., Plur. **Kirmessen, Kirmsen,** — zusammengezogen aus Kirchmesse, s. b. b. W.; — ein Jahrmarkt in einem Kirchdorfe.

Kirsche, f., Plur. -schen, *lat.* cérasum, *griech.* kerásion (κεράσιον), — vom *lat.* cérasus, *griech.* kérasos (κέρασος) (nach Cerasus, *lat.*, Kerasūs, *griech.* [Κέρασους], einer Stadt in Pontus, benannt); — die Frucht eines Steinfrüchtlers (Prunus cerasus) und der Baum selbst.

Kissen, n., Plur. gleichlaut., *franz.* coussin, spr. kussäng, *ital.* cuscino, spr. -tschino, — vom *lat.* culcitra, s. Kolter; — eine ausgestopfte (weiche) Unterlage (behufs bequemen Ausruhens [Sitzens, Liegens ꝛc.]).

Kiste, f., Plur. -sten, *lat.* cista, *griech.* kiste (κίστη), ein (ursprünglich hölzerner) viereckiger (mit einem verschließbaren platten Deckel versehener) Behälter.

Kitt, m., Plur. Kitte, — nach Einigen vom *franz.* gnitran, spr. gitrang, *span.* alquitran, *arab.* alquitrān (al, best. Art.), Theer; — eine (sich an der Luft erhärtende) Masse, um auf- oder in einander gebrachte harte Körper fest mit einander zu verbinden.

Kitze, f., Plur. -zen, — Nebenform von Katze, s. d.; — eine weibliche Katze.

Klasse, f., Plur. -sen, *lat.* classis, — letzt. in seiner alten Schreibweise clasis übereinstimmend mit klasis (κλᾶσις) der dorischen Form vom *griech.* klēsis (κλῆσις) (kaleō, s. Kalende), das Rufen, der Ruf, die Vor-, Einladung; — ursprünglich die Herbeirufung, das Aufgebot, die zur Abstimmung -, zum Kriegsdienst herbeigerufene -, - versammelte Menge, eine zu einem bestimmten Zwecke oder nach einem bestimmten System gemachte Eintheilung (von Personen und Sachen), besonders die Schülerabtheilung einer größeren Lehranstalt, welche gemeinschaftlich unterrichtet wird.

Klause, f., Plur. -sen, *mittellat.* clausa, — vom *lat.* clausus, a, um, part. perf. pass. von clau-, clo- oder cludere (verwandt mit gleichbedeut. *griech.* kleio, int. kleisō [κλείω, κλείσω]), schließen, verschließen, zumachen; clausa, plur. von clausum, etwas Verschlossenes, ein verschlossener Ort; — eine (verschlossene) Mönchswohnung, Klosterzelle, Einsiedelei, auch ein Gefängniß.

Klausel, f., Plur. -seln, *lat.* clausula, (ursprünglich) Schluß, -satz, Ende, jetzt ein beschränkender (einschließender) Satz, eine (beschränkende) Bedingung, ein Vorbehalt.

Klerisei, f., verächtlich für *lat.* clerus, *griech.* kléros (κλῆρος), — kláō (κλάω), brechen, zer-, abbrechen; — Priesterstand, -schaft, Geistlichkeit. Anm. Kléros heißt ursprünglich das Loos (wozu man in alten Zeiten zerbrochene Dinge [Scherben ꝛc.] gebrauchte), das Zeichen des Looses, das Verlooste, der durch das Loos zugefallene Antheil (besonders an einem Erbe), Erbschaft, -gut, daher später der gleichsam für die Seligkeit ausgelooste -, von Gott für seine Himmelserbschaft auserwählte (Priester-)Stand.

Kloster, n., Plur. Klöster, *kirchenlat.* claustrum, — im klass. Lat. bezeichnet claustrum (hier besonders im Plur. [claustra] gebräuchlich), *altlat.* clostrum (von claudere, s. Klause) das, wodurch etwas verschlossen -, eingeschlossen wird, daher Riegel, Schloß, Verschluß, Wall, Damm, Bollwerk, auch ein verschlossener Ort; — ein (von Mauern) eingeschlossener Wohnort für Mönche oder Nonnen.

Knie, n., Plur. Kniee, *lat.* genu, *griech.* góny (γόνυ), das Gelenk zwischen Ober- und Unterschenkel und eine ähnliche Biegung überhaupt.

Knoten, m., Plur. gleichlaut., — scheint dem gleichbedeut. *lat.* nodus (für gnodus) zu entsprechen (welches mit nectere [knüpfen, binden] zusammenhängen dürfte); — eine durch Zusammenschnürung entstandene Unebenheit in einem Faden ꝛc., und darnach eine ähnliche Erhöhung überhaupt. **Knute,** f., Plur. -ten, (*russ.* knut), eine (russische) Knotenpeitsche.

Kobalt, m., *neulat.* cobaltum, — nach Einigen vom *böhm.* kowalty (kow, Erz), erzhaltig; nach Anderen von Kobold, s. d. (weil die Bergleute früher glaubten, von diesem Berggeiste genect zu werden, wenn sie schweres, metallglänzendes Erz fanden, welches beim Schmelzen statt des gehofften Silbers erstickende [Schwefel-, Arsenit-]Dämpfe entwickelte); — ein Metall, welches beim Glase und einigen Erden eine haltbare blaue Farbe giebt.

Kobold, m., Plur. -bolde, *mittellat.* cóbalus, *griech.* kóbalos (κόβαλος), Possenreißer, Schmarotzer, Gauner, Spitzbube, daher auch (nach früherer Vorstellung) ein (neckischer) Polter-, Berggeist, -männchen, auch ein Purzelbaum.

Kochen, *lat.* cóquere, Flüssigkeiten (durch Feuer) bis zum Wallen erhitzen, (in einer solchen Flüssigkeit) Speisen gar machen.

Kockel- (in der Verbindung mit -körner), vom *neulat.* cocculus (dimin. vom *lat.* coccum, *griech.* kokkos [κόκκος], Kern, Korn, Beere, besonders die Scharlachbeere), ein kletternder Strauch in Ostindien, dessen Samenkörner (Kockels-, Fisch- oder Läusekörner) einen giftigen Bitterstoff (Kokulin) enthalten und einen Hauptbestandtheil des Läusepulvers und der Läusesalbe ausmachen, in Ostindien auch zum Betäuben der Fische und Vögel (behufs ihres Fanges) gebraucht, bei uns wol (strafbarer Weise) dem Bier zugesetzt werden (um dasselbe berauschend zu machen).

Kösent, m., — verstümmelt aus Konvent, *lat.* convéntus (conventum, 1. supin. von convenire [con, s. Kommerz; venire, kommen], zusammenkommen, vereinigen ⁊c.), Zusammenkunft (besonders von Mönchen oder Nonnen in ihren Klöstern); — ein schwaches Bier, Dünn-, Nachbier.

Koffer, m., Plur. gleichlaut., *engl.* coffer, *franz.* coffre, spr. koffer, — vom *franz.* coffin, spr. -fäng, *lat.* cophinus, *griech.* kóphinos (κόφινος), Korb; eine Kiste (meistens mit einem gewölbten, verschließbaren Deckel).

Kohl, m., *engl.* cole, spr. kohl, *provenç.* caul, — vom *lat.* colis oder caulis, *griech.* kaulós (καυλός), Stengel, Stiel, Schaft, im Lat. besonders Kohlstengel, -strunk, auch Kohl; — eine schotenfrüchtige Pflanze (jetzt [*neulat.*] brassica). **Kohlrabi**, m., *engl.* cole-rape, spr. -rähp, — -rabi, -rape entstand aus *lat.* rapa (oder rapam), *griech.* rhápys (ῥάπυς), Rübe; — Kohlrübe (brassica rapa).

Kokarde, f., Plur. -den, *franz.* cocarde, spr. kokahrd, — vom *franz.* coq, spr. kock, Hahn; — ein Abzeichen am Hut (eines Kutschers, Bedienten ⁊c., nach seiner Aehnlichkeit mit einem Hahnenkamm benannt), darnach überhaupt eine Hut-, Bandschleife von bestimmten Farben als Abzeichen einer Nation, Feld-, Parteizeichen.

Koller, m., Plur. gleichlaut., — vom *mittellat.* colláre (vestimentum, Kleid) (colláris, e [vom *lat.* collum, Hals], den Hals betreffend), eine Halsbekleidung; — ein (vom Hals heruntergehender) lederner Harnisch.

Kolibri, m., — *indian.* kolúbri, Vogel; — eine zur Familie der Dünnschnäbler gehörige amerikanische Vogelgattung (Tróchilus cólubris).

Kolter, m., Plur. gleichlaut., — vom *lat.* cúlcitra = cúlcita, ein mit Federn, Haaren, Wolle ⁊c. ausgestopfter Sack, ein Kissen, Polster ⁊c.; — eine (durchgenähte) Decke, Matratze.

Kolter, n., Plur. gleichlaut., *engl.* colter oder culter, spr. kôlter, *lat.* culter, Pflugeisen, -messer, Sech (im Lat. auch Messer überhaupt).

Kommerz, m., *franz.* commerce, spr. tommers, *ital.* commercio, spr. -mertsche, *lat.* commércium, — com = con in Zusammensetzungen für cum, mit, sammt, zusammen; merx, gen. mercis, Waare; — kaufmännischer Verkehr, Handels-, Geschäftsverkehr, -leben, Verkehr, Umgang.

Kopf, m., Plur. **Köpfe**, *lat.* caput, — vom Stamme cap, der sich etwas verändert auch im gleichbedeut. *griech.* kephalé (κεφαλή), unverändert im *sanskr.* capála, findet; — der oberste Theil (besonders eines menschlichen und thierischen Körpers), überhaupt das Oberste.

Koppel, f., Plur. -peln, *franz.* couple, — vom *lat.* copula, Band, Riemen, Strick; — mehrere mit einander verbundene (gleichartige) Dinge (Hunde, Pferde ⁊c.) (in dieser Bedeutung auch Kuppel), besonders auch mehrere (durch eine Einfriedung zu einem Ganzen vereinigte) Aecker oder Felder.

Koralle, f., Plur. -len, *lat.* corállum oder -álium, *griech.* korállion, oder -rálion (κοράλλιον, -ράλιον) (im Lat und Griech. gener. neutr.), Thiere der zwölften Klasse, Pflanzenthiere.

Korb, m., Plur. **Körbe,** *ital.* corba, *lat.* corbis, ein aus Weiden, Rohr ꝛc. geflochtenes Behältniß.

Koriander, m., *lat.* coriándrum, *griech.* koriannon oder ‑anon (κορίαννον oder ‑ανον) (im Lat. und Griech gener. neutr.), — kóris (κόρις), Wanze; (ein zu den Schirmpflanzen gehöriges (Garten‑)Gewächs (dessen Blätter nach Wanzen riechen), Wanzenkraut (Coriandrum sativum).

Korinthe, f., Plur. ‑then, — nach der griechischen Stadt Korinth, ihrer ersten Bezugsquelle, benannt; — eine kleine Rosine.

Kork, m., Plur. **Korke,** — vom *franz.* écorce, [spr. ‑kohrs,] *lat.* cortex, gen. corticis, Rinde ‑, Schale ‑, Borke der Bäume (im Lat. auch gleicher Bedeutung mit dem Deutschen); — die (zu Pfropfen, Sohlen und mancherlei anderen Dingen verarbeitete) Rinde einer südeuropäischen Eichenart (Quercus suber), auch die daraus verfertigten Pfropfen oder Stöpsel.

Kornel‑ (in der Zusammensetzung mit ‑kirsche), — vom *lat.* cornus oder cornu, Horn; — Horn‑, Hart‑.

Körper, m., Plur. gleichlaut., *lat.* corpus, — vielleicht verwandt mit *griech.* kormós, äol. korpós (κορμός, κορπός) (von keirō [κείρω], scheeren, abschneiden, trennen), ein (vom Stamm geschnittenes ‑. gehauenes) Stück, ein Klotz, der Rumpf; — jeder gestaltete Stoff, Leib, ein geordnetes Ganze.

Kosten, *ital.* costáre, *lat.* constáre, — con, s. Kommerz; stáre, stehen, verweilen, sich aufhalten ꝛc.; — zu stehen kommen (im Handel), einen bestimmten Preis haben.

Kosten, *lat.* gustáre, — verwandt mit gleichbedeut. *griech.* geúein (γεύειν); — schmecken.

Krabbe, f., Plur. ‑ben, — vom *lat.* cárabos, *griech.* kárabos (κάραβος), eine Art Meerkrebs; — eine zu den Zehnfüßern (Dekapoden) oder echten Krebsen gehörige Thiergattung (Portúnus).

Krahn, richt. **Kran,** m., Plur. **Kra(h)ne,** — zusammengezogen aus Kranich, s. d.; — ein Hebewerkzeug (nach einer Aehnlichkeit mit dem erwähnten Vogel benannt).

Kranich, m., Plur. ‑che, *griech.* géranos (γέρανος), ein Sumpfvogel (Grus cinérea), (im Griech. auch) eine Maschine zum Heben (vergl. Krahn).

Krebs, m., Plur. **Krebse,** — eine Nebenform von Krabbe, s. b.; — ein Krustenthier, eine Art Brustharnisch (nach der Aehnlichkeit mit einer Krebsschale benannt, vergl. Ephes. 6, 14), ein fressendes Geschwür (so genannt, weil die um dasselbe sich bildenden verstopften Blutadern Krebsfüßen ähnlich sehen).

Kreide, f., *franz.* craie, spr. ‑kräh, *lat.* creta, — nach der Insel Kreta (*lat.* Creta oder ‑te, *griech.* Krétē [Κρήτη]) benannt; — kohlensaurer Kalk.

Kreis, m., Plur. **Kreise,** *lat.* gyrus, *griech.* gyros (γῦρος), eine Rundung, ein Ring, eine krumme Linie, welche von einem innerhalb derselben liegenden Punkte überall gleichweit entfernt ist.

Krepp, m., *franz.* crêpe, spr. kräpp, — vom *lat.* crispus, a, um, kraus; — krauser Flor.

Kresse, f., *engl.* cress, *franz.* cresson, spr. kressong, *ital.* crescione, — Ableitung noch nicht festgestellt; wahrscheinlich vom *lat.* crescere, wachsen, entstehen, hervorkommen; nach Andern deutschen Ursprungs (vom *althochd.* chresan, kriechen); — eine zu den mehrblüttigen Kreuzblüthern gehörige (schnell wachsende, ‑keimende) Pflanze (Lepidium).

Kreuz, n., Plur. **Kreuze,** *franz.* croix, spr. kroa, *lat.* crux, gen. crucis, die Figur, welche entsteht, wenn zwei gerade Linien sich so schneiden, daß wenigstens eine von ihnen halbirt wird, ein Körper von einer solchen Form. **Kreuzer,** m., Plur. gleichlaut., eine kleine Scheidemünze (auf welche ehemals ein Kreuz geprägt war).

Krist, m., Plur. **Kristen,** — vom *griech.* christós, é, ón (χριστός, ή, όν) (Verbaladjektiv von chríō [χρίω], eigentlich die Oberfläche eines Körpers leicht berühren, darüber hinstreichen [besonders mit Farbe, wohlriechender Salbe ꝛc.], färben, salben), bestrichen, gefärbt, gesalbt; — ein (durch die Taufe mit dem heiligen Geiste) Gesalbter, ein Bekenner der Lehre Jesu.

Krone, f., Plur. Kronen, ital. und lat. coróna, griech. korōnē (κορώνη), — korōnós, ḗ, ón (κορωνός, ή, όν), gekrümmt, gebogen; — eigentlich etwas Gekrümmtes, Gebogenes, Ringförmiges, ein Kranz, besonders die amtliche prachtvolle Kopfbedeckung regierender Fürsten.

Kruste, f., Plur. =sten, lat. crusta, Rinde, Schale, Borke.

Kübel, m., Plur. gleichlaut., — Nebenform von Kupe, s. b.; — ein großes rundes Daubengefäß.

Küche, f., Plur. =chen, franz. cuisine, spr. kwißihn, ital. cucina, span. cocina, lat. coquina, — coquinus, a, um (cóquere, s. kochen), zum Kochen gehörig; — der Raum im Hause, wo gekocht wird, gleichsam die Kochstube, =kammer.

Kufe, s. Kupe.

Kuffer = Koffer, s. b.

Kugel, f., Plur. =geln, — vielleicht vom lat. cucullus, die (runde) Hülle des Kopfes, Kappe; — ein runder Körper (von dessen Mittelpunkt seine Oberfläche in allen ihren Punkten gleich weit entfernt ist).

Kukummer, f., engl. cucumber, spr. kju= oder kukömber, lat. cucumis, Gurke.

Kumme, f., Plur. =men, — vom griech. kýmbē oder kýmbos (κύμβη oder κύμβος), sanskr. kumba, ein hohles Gefäß, Schüssel, Becken, Kübel; — ein tiefes, rundes, sich nach oben erweiterndes Gefäß (gewöhnlich aus Thon).

Kümmel, m., lat. cu= oder cyminum, griech. kýminon (κύμινον), eine zu den Schirmblüthern gehörige Pflanze (Carum carvi), vergl. Karbe.

Kummer, m., franz. encombre, spr. angkongber, oder decombres, spr. böıongber, — vom lat. cumulus (dimin. von einem veralteten cumen), der Haufen; — Schutt(haufen) (daher Kummerwagen, ein Wagen, welcher Schutt-, Schmutzhaufen wegführt), bildlich Hinderniß und darnach Gram, auch Verhaft.

Kümmerling, Nebenform von Kukummer, s. b.

Kummerschaft, f., — von commerce, s. Kommerz; — das (Verkehrs-)Verhältniß, in welchem Jemand zu einem Andern steht.

Kumpan, m., Plur. =pane, — verkürzt aus franz. compagnon, spr. longpanjong (nach Einigen vom mittellat. companium (vom lat. com, s. Kommerz; panis, Brod], Gesellschaft; nach Andern von spätlat. compagánus [paganus (paganus, a, um [pagus (von einem Stamm pag, festmachen, =setzen), ein festgesetzter =, abgegrenzter Bezirk, Gau, Dorf], zu einem Dorfe gehörig, dasselbe betreffend, daselbst befindlich), Dorfbewohner, Bauer], Angehöriger eines Gaues, Hausgenosse, Landsmann); — Genosse, Gefährte, Gesellschafter.

Kunkel, f., Plur. =keln, althochd. kuncla, mittellat. conucula für colucula, — dimin. vom lat. colus, Spinnrocken; — Spinnrocken, auch verächtliche Bezeichnung einer Frau (einer Spinnerin).

Kupe, Küpe, Kufe, f., Plur. =pen, lat. cupa, ein aus Dauben zusammengesetztes (großes) rundes Gefäß.

Kupfer, n., lat. cuprum, — letzt. entstanden aus gleichbedeut. cyprium (mit und ohne aes, Erz) (lat. Cyprius, a, um, griech. Kýprios, a, on [Κύπριος, a, ον] [lat. Cyprus oder =os, griech. Kýpros (Κύπρος), die Insel Kypern, auch ein baselbst häufig wachsender Baum], zur Insel Kypern gehörig, daselbst befindlich, daher kommend), kyprisches Erz; — ein Metall.

Kuppel, f, = Koppel, s. b. Kuppeln, verbinden, vereinigen, besonders (in der Volksspr.) Personen zur Eheschließung (namentlich unehrenhafter Weise) verleiten.

Kuppel, f., Plur. =peln, — vom lat. cupa, s. Kupe; — ein (halbkugelförmig) gewölbtes Dach.

Kur, f., Plur. Kuren, franz. cure, spr. kühr, — vom lat. cura, Sorge,

Jürgens, Lehnwörterbuch. 3

Sorgfalt, Pflege, Verwaltung, Aufsicht, Amt, (im Mittellat. besonders) Seelsorge, Pfarre; — Krankenpflege, Heilung, Wiederherstellung der Gesundheit.

Küraß, m, Plur. -rasse, *franz.* cuirasse, spr. küiraß, *ital.* corazza, *span.* corazo, *mittellat.* coracea, — vom *lat.* corium (*franz.* cuir, spr. kwihr), *griech. mittellat.* chórion (χόριον), Haut, Fell, Leder; — ein (früher aus Leder gemachter) Brustharnisch, Panzer.

Kurbel, Kurbe, f., Plur. bezw. -beln, -ben, — vom *lat.* curvus, a, um (verwandt mit dem gleichbedeut. *griech.* kyrtós, ḗ, ón [κυρτός, ή, όν]), gekrümmt, gerundet; — eine (gekrümmte) Handhabe (zum Rund-, Herumdrehen).

Kürbiß, m., Plur. -bisse, — vom gleichbedeut. *lat.* cucurbita; — eine Pflanzenfamilie, -gattung, -art.

Kurz, *franz.* court, courte, spr. kuhr, kuhrt, — vom *lat.* curtus, a, um, verkürzt; — (in wagerechter und ähnlicher Richtung) von geringer Ausdehnung (Gegensatz zu lang).

Küste, f., Plur. -sten, *ital., portug., provenz.* und *mittellat.* costa, — vom *lat.* costa, Rippe (welche Bedeutung neben der vorliegenden auch noch die roman. Ausdrücke haben), Seite, Wand; — gleichsam die Meereswand, das Seeufer, das einem Meere zunächst liegende Land.

Küster, m., Plur. gleichlaut., — vom *lat.* custos, Wächter, Hüter, Aufseher, Bewahrer, Begleiter, Beschützer; — ein Kirchendiener (dem das Auf- und Zuschließen, die Reinigung der Kirche, das Anzünden der Lichter, die Herbeischaffung des Taufwassers ꝛc. [mittelbar oder unmittelbar] obliegt, ein Aufseher über die genannten Verrichtungen, ein Kirchner.

Kutsche, f., Plur. -schen, *franz.* coche, spr. kohsch (*engl.* conch, spr. kohtsch), *ital.* cocchio, spr. kokkscho, — eine weitere Ableitung ist unsicher; — ein bedeckter (gewöhnlich) viersitziger Wagen.

Kutte, f., Plur. -ten, — *ital.* und *mittellat.* cotta, *span., portug., provenz.* cota, *altfranz.* cote (ob diese Wörter german. (*angelsächs.* cote, Hülle [welche mit einem Kleide den Begriff des Schützens gemeinsam hat]) oder *lat.* Ursprungs sind (cutis [verwandt mit *griech.* kýō (κύω) (kÿō [κύω], in sich fassen, - aufnehmen, - haben), was etwas in sich faßt, - aufnimmt ꝛc.], Haut, Fell [Leder, Hülle], ist noch nicht entschieden), ein langes Oberkleid; — eine mit einer Kappe versehene (einer Thierhaut ähnliche) Kleidung.

L.

Laberdan, Labberdan, m., *holländ.* labber- oder abberdaan, *engl.* Aberdeen (fish), spr. äbberbeen (Fisch). — Aberbeen, eine Stadt in Schottland, der ursprüngliche Bereitungs- und Versandtort des in Rede stehenden Fisches; — der gesalzene Kabeljau, s. b.

Lache, f., Plur. -chen, verwandt mit *lat.* lacus (und dieses wieder mit *griech.* lákkos [λάκκος], Vertiefung, Loch, Grube), ein See ꝛc.); eine Menge einer stehenden Flüssigkeit (besonders in Verbindung mit Blut gebräuchlich).

Lack, m., Plur. Lacke, *ital.* lacca, *franz.* laque, spr. lahk, *span., provenz.* und *mittellat.* laca, *pers.* lak, *sanskr.* lákschá, ein ostindisches Harz oder Gummi (Gummi lacca) (welches durch den Stich einer [der Gummilack-]Schildlaus aus dem Gummilackbaum ausfließt und über dem Insekt erhärtet).

Lackei, m., Plur. -eien, *franz.* laquais, spr. lakäh, *span.* und *portug.* lacayo, — die Herkunft steht noch nicht fest; vielleicht von *neuprovenz.* lecaí (*altprovenz.* lecai [*ital.* leccare, s. lecken], lecker-, naschhaft, üppig), der (naschhafte-, üppige) Nebenschößling des Getreides (welcher sich also immer in unmittelbarer Nähe der Hauptpflanze befindet und (wie ein Schmarotzer) durch sie (ihre Wurzeln) lebt, daher auch = Diener; — ein Bedienter (in Livree).

Lafette, Laffette, f., Plur. -ten, *franz.* affüt, spr. affüh, — l'affüt, spr. laffüh

= le (beſt. Art.) affût (uf = ad, nach, zu, bei, gegen, an, auf ꝛc.); fût, ſpr. füh (vom *lat.* fustis, Knittel, Prügel, Stock (ein längliches Stück Holz), Schaft, Handgriff; — Geſtell für grobe Geſchütze, = Kanonen.

Lägel, n., Plur. gleichlaut., *lat.* lagéna, *griech.* lágenos (λάγηνος), ein rundes, flaches Dankengefäß (welches leicht gehandhabt werden kann und daher beſonders Arbeitern zum Forttragen ihres Getränks dient).

Lahn, m., — nach der franz. Stadt Lyon (ſpr. liong) verderbt in Lon, Lahn, benannt; — ein breitgequetſchter (Metall= [Gold=, Silber=]) Draht.

Lahritze, f., *lat.* liquiritia = glycyrrhiza, *griech.* glykýrrhiza (γλυκύρ-ριζα), — glykýs, eia, ý (γλυκύς, εία, ύ), ſüß; rhiza (ῥίζα), Wurzel; — Süß-wurzel, =holz, Süßholzbaum.

Lamberts= (in der Verbindung mit =nuß), verdreht aus lombardiſch = lombardſch = lombards = lambarts = lamberts.

Lampe, f., Plur. =pen, *franz.* ſpr. langp, — vom *lat.* lámpas, gen. lim-padis, *griech.* lampás, gen. =pádos (λαμπάς, gen. =πάδος) (lámpō [λάμπω], leuchten, glänzen, ſchimmern, blitzen), Fackel, Leuchte, (im N. Teſt. auch = Lampe); — eine Vorrichtung zum Zweck der Erleuchtung (vermittelt durch flüſſiges Fett [Oel, Thran ꝛc.] und Docht, jetzt auch bloß durch Gas).

Lang, engl. long, *franz.* long, longue, ſpr. beides long, *lat.* longus, a, um, in wagerechter oder ähnlicher Richtung von großer Ausdehnung.

Lanterne, ſ. Laterne.

Lanze, f., Plur. =zen, *franz.* lance, ſpr. langs, *lat.* láncea, ein Speer, Spieß.

Lärche, f., Plur. =chen, *lat.* lárix, gen. láricis, *griech.* gen. lárikos (λάριξ, gen. =ρικος), ein zu den Nadelhölzern gehöriger Baum (Larix europaea).

Larve, f., Plur. =ven, *franz.* ſpr. larw, *lat.* larva, — vom *lat.* Lar, plur. Lares, römiſche Schutzgötter; — urſprünglich ein Geſpenſt (nach der vor-geblichen Aehnlichkeit mit einem Laren), Schreckbild, Gerippe, darnach eine Maske, Mumme, ein der Verwandlung unterworfenes Inſekt auf der zweiten Stufe ſeiner Metamorphoſe (zwiſchen Ei und Puppe).

Laterne oder **Lanterne,** f., Plur. =nen, *lat.* laterna, *franz.* lanterne, ſpr. langtern, — dürfte von lampas (ſ. Lampe) abſtammen und ein lampiterna zur Vorausſetzung haben; — eine Leuchte, d. i. eine Vorrichtung mit einer durch-ſichtigen Wand und einer Oeffnung für den Gebrauch eines (Kerzen=, Oel=, Gas=) Lichts (beſonders im Freien).

Lattich, m., Plur. =tiche, *lat.* lactuca, — lac, gen. lactis, Milch, Milch-ſaft (in Pflanzen); — ein (milchender) Zungenblüther, Salat. Lat= oder Latt-werge, f., *ital.* lattovaro, =rio oder lattuaro, *span.* electuario, *franz.* elec-tuaire, ſpr. =tüähr, spätlat. elect(u)arium (medicamentum, Arznei). — vom *griech.* ékleigma oder ekleigtón (ἔκλειγμα oder ἐκλειγτόν) (ekleichō [ἐκλείχω] = ek (ἐκ), aus, von etwas her ꝛc.; leichō (λείχω), lecken], aus=, belecken), eine Leckarznei (die man leckt, = aufleckt); — eine eingekochte Dickſaft.

Lauer, m., *lat.* lora, — lora (oder lura) heißt auch der Schlauch; — Nach=, Treſter=, Träberwein, d. i. ein Wein, welcher gewonnen wird, indem man auf die ausgepreßten Trauben Waſſer gießt und dieſelben damit wieder ausdrückt.

Lauwine = **Lauine,** Lawine, ſ. d.

Laute, f., Plur. =ten, *provenz.* laut, *span.* laud, *portug.* alaud, *arab.* al'ûd, — letzt. (= ul [beſt. Artikel] úd) bedeutet urſprünglich etwas Hölzernes; — ein (veraltetes) eigenthümliches Tonwerkzeug, das (12 und mehr) Saiten hatte und wie die Guitarre geſpielt wurde.

Lavendel, m., *ital.* lavéndola (oder lavánda), *mittellat.* lavéndula (oder lavándula, — vom *ital.* und *lat.* laváre (*griech.* lúein [λούειν]), waſchen, baden, benetzen, befeuchten; — eine zu den Rachenblümlern gehörige Pflanze (Lavendula spica, von den Römern bei Bädern gebraucht).

Lawine, Lauine, Lauine, f., Plur. =nen, *mittellat.* lavina, labina, — nach Einigen vom *lat.* labi, herabgleiten, =ſchlüpfen, fallen; nach Andern deutſchen

Ursprungs; — eine von einem Berge herabwälzende (im Aufthauen begriffene), sich fortgehend vergrößernde Schneemasse.

Legel = Lägel, s. b. Anm. Die Form Legel könnte auch von legen abgeleitet und das betreffende Gefäß so benannt worden sein, weil es von Arbeitern im Sommer (wann es vorzugsweise gebraucht wurde) an einen kühlen oder doch schattigen Ort (Wassergraben, Gebüsch, Hecke) gelegt wurde.

Lehm, m., — vergl. limus unter Leim; — ein (lothartiger) Thon.

Lehnen, — *lat.* clináre, *griech.* klinein ($\varkappa\lambda i\nu\varepsilon\iota\nu$), beugen, neigen, anlehnen, senken; — schräge an etwas stellen, = stehen.

Leier, f., (*lat.* und) *griech.* lýra ($\lambda\upsilon\rho\alpha$), ein musikalisches Instrument (von verschiedener Einrichtung bei den Alten und den Neuen), auch die Art und Weise (zu spielen, zu singen, zu reden, zu handeln ꝛc.).

Leim, m., *niedersächs.* lihm, — vom *lat.* limus, dünner Schlamm, Koth, Unflath (in Gebärmen); — eine (schlammartige) klebrige Masse (welche zum Verbinden [fester Körper] dient).

Lein, m., *niedersächs.* lihn, *lat.* linum, *griech.* linon ($\lambda i\nu o\nu$), die Flachspflanze (Linum usitatissimum).

Leinen, s. Linnen.

Letter, f., Plur. =tern, *engl.* ebenso, *franz.* lottre, spr. letter, *ital.* lettora, — vom *lat.* lit(t)era (von litus, a, um, part. perf. pass. [litum, 1. supin.] von linere, aufstreichen, =schmieren, bestreichen, beschmieren), eigentlich das (auf etwas) Geschmierte, Gestrichene, der Buchstabe, Brief ꝛc.; — Buchstabe, besonders gegossene Buchstaben für Druckereien, Druckbuchstabe, =schrift.

Letter, Lettner, m., Plur. gleichlaut., — vom *mittellat.* lectórium (lectum, 1. supin. vom *lat.* légero, *griech.* légein [$\lambda\acute{\varepsilon}\gamma\varepsilon\iota\nu$], sammeln, lesen), ein (erhöhter) Platz zum Vorlesen (in einer Kirche); — die Emporkirche.

Leu = Löwe, s. b.

Levkoje, f., Plur. =jen, *griech.* leukóïon = leukón ion ($\lambda\varepsilon\upsilon\varkappa o\ddot{\iota}o\nu$ = $\lambda\varepsilon\upsilon\varkappa \acute{o}\nu$ $\ddot{\iota}o\nu$, — leukós, ú, ón ($\lambda\varepsilon\upsilon\varkappa\acute{o}\varsigma$, $\acute{\eta}$, $\acute{o}\nu$) (von einem Stamm lyk [welcher sich verändert im *lat.* luc findet], leuchten), leuchtend, licht, glänzend, hell; ion, Veilchen, s. b.; — eigentlich weißes Veilchen, — eine zu den Schotengewächsen gehörige Pflanze (mit Veilchengeruch) (jetzt Matthiola [annua und incána]).

Liebstöckel, n., Plur. gleichlaut., — aus gleichbedeut. *neulat.* libysticum = levisticum = *lat.* ligusticum (ligusticus, a, um [Ligus oder Ligur, plur. Ligures, Ligurier, eine alte Völkerschaft in Oberitalien], die Ligurier betreffend); — eine zu den Schirmpflanzen gehörige, südeuropäische, sellerieartig riechende Pflanze (Ligusticum levisticum).

Liesch (als Bestimmungswort zu =gras oder als Grundwort zu Wasser), *franz.* laiche, spr. läsch, *ital.* lisca, Gräte, Halm; — (als Bestimmungswort in der genannten Verbindung) eine zu den Rispengräsern gehörige Pflanze (Phléum pratense) (als Grundwort) die dolbenblüthige Blumenbinse (Butómus umbellatus) und = Froschlöffel (als Bezeichnung einer Pflanzenfamilie in der Ordnung der Sumpflilien, (als Simplex bezeichnet es die von Faßbindern zum Verstopfen der Fugen [Verliesschen] benutzten) Blätter des Rohrkolben (Typha latifolia und = angustifolia).

Lilie, f., Plur. =lien, *lat.* lilium, *griech.* leirion = leirou ïon ($\lambda\varepsilon i\rho\iota o\nu$ = $\lambda\varepsilon\iota\rho\acute{o}\nu$ $\ddot{\iota}o\nu$), — leirós, á, ón ($\lambda\varepsilon\iota\rho\acute{o}\varsigma$, $\acute{a}$, $\acute{o}\nu$), bleich, blaß; ion, s. Veilchen; — eine zur Familie der Affodillen gehörige Pflanzenart.

Linie, f., Plur. =nien, *lat.* linea, — von linum, s. Lein; — eigentlich ein Flachsfaden, eine Schnur, Richtschnur, ein Strich, (in der Mathematik) eine Größe von nur Einer Ausdehnung (in die Länge).

Linnen, Leinen, n., — gleicher Abstammung mit Lein, s. b.; — ein aus Flachs= (oder Hanf=)garn verfertigtes Gewebe.

Linse, f., Plur. =sen, *franz.* lentille, spr. langtibj, *lat.* lenticula, — letzt. dimin. von lens, gen. lentis; — eine zu den Schmetterlingsblüthen gehörige Hülsenpflanze (Ervum lens), ein (in der Form einer Linsenfrucht) geschliffenes Glas.

Lolch, m., *ital.* loglio, *lat.* lolium, eine zu den Aehrengräsern gehörige Pflanzenart.

Lotter, m., — vom *lat.* ludio oder ludius (ludere, spielen), Spieler, Schauspieler, Komödiant; — Possenreißer; daher Lotterbube, ein Windbeutel, ein liederlicher -, schlechter -, müssiger Mensch.

Löwe, Plur. -wen, **Leu,** m., Plur. -en, *lat.* leo, *griech.* léōn ($\lambda\acute{\epsilon}\omega\nu$), ein zur Katzenfamilie gehöriges Raubthier (Felis leo).

Luchs, m., Plur. **Luchse,** *lat.* lynx, *griech.* lygx ($\lambda\upsilon\gamma\xi$), spr. lünks, ein zur Katzenfamilie gehöriges Raubthier (Felis lynx).

Lupine, f., Plur. -pinen, *franz.* lupin, m., spr. lüpäng, *lat.* lupinus, m., oder lupinum, n., — lupinus, a, um (lupus, *lat.*, *griech.* lýkos [$\lambda\acute{\upsilon}\kappa o\varsigma$], Wolf), Wölfe betreffend, wölfisch; — Wolfs-, Feigbohne.

M.

Mai, m., *lat.* Majus (mensis, Monat), — majus, a, um = magnus, f. Meister (vergl. auch Meier); deus Majus, den Maja, der hehre Gott, die hehre Göttin; — der 5. (Wonne-)Monat (in welchem sich die Natur verherrlicht, -verjüngt).

Maier, f. Meier.

Maischen, f. meischen.

Majoran oder **Meiran,** m., Plur. -rane, *ital.* und *neulat.* majorana, *mittellat.* majoraca, *lat.* amáracus oder -cum, *griech.* amárakos oder -kon ($\dot{\alpha}\mu\dot{\alpha}\rho\alpha\kappa o\varsigma$ oder -$\kappa o\nu$), ein zur Familie der Lippenblumen gehöriges Gartengewächs (Origanum majorana).

Makel, m, Plur. gleichlaut., — vom *lat.* macula, f. (dimin. von [einem nicht vorkommenden] maca), Fleck, Schandfleck; — Fehler.

Makrele, f., Plur. -krelen, — wahrscheinlich von macula, f. Makel; ein zur Familie der Meerbrassen gehöriger Fisch (Scomber scombrus) (nach den ihn kennzeichnenden schwärzlichen Flecken-, Querstreifen benannt).

Makrone, f., Plur. -kronen, — vom *venet.* macarone, *ital.* macherone (theils vom *ital.* macca, Bohnenbrei, theils vom *griech.* makaria ($\mu\alpha\kappa\alpha\rho\acute{\iota}\alpha$) (von mákar [$\mu\acute{\alpha}\kappa\alpha\rho$], selig, glückselig), Glückseligkeit; — ein Backwerk von Mehl, Zucker und Mandeln.

Maledeien (gewöhnlich mit der Vorsilbe ver- gebräuchlich), — verdreht aus *lat.* maledicere (male, adverb. zu malus, a, um, schlecht, unrecht, böse, übel ꝛc.; dicere, f. benedeien), übel reden, schelten, schimpfen, schmähen; — (ver)fluchen.

Malve, f., Plur. -ven, *lat.* malva, *griech.* maláchē ($\mu\alpha\lambda\acute{\alpha}\chi\eta$), — malakós, ḗ, ón ($\mu\alpha\lambda\alpha\kappa\acute{o}\varsigma$, $\acute{\eta}$, $\acute{o}\nu$) (malássō [$\mu\alpha\lambda\acute{\alpha}\sigma\sigma\omega$], weich machen, verweichlichen, entkräften), weich, zart; — eine zur Familie der Pappelrose gehörige Pflanze (entweder nach ihrer [die Eingeweide] erweichenden Kraft oder nach ihren weichen Blättern und Stengeln benannt).

Manchester, m., — nach der Fabrikstadt Manchester, spr. mäntschester, in England benannt; — ein (baumwollenes) starkes Zeug (von sammetartigem Ansehen).

Manschette, f., Plur. -ten, *franz.* manchette, spr. mangschett; — letzt. dimin. von manche, spr. mangsch, *lat.* manica (von manus [verwandt mit *griech.* máō ($\mu\acute{\alpha}\omega$), tasten, an-, betasten, berühren, suchen, begehren, verlangen, bestreben ꝛc.], Aermel; — eigentlich ein kleiner Aermel, Hand-, Vorärmel, -streifen, -krause.

Mantel, m., Plur. **Mäntel,** *lat.* mantólum oder mantéllum, ein Kleidungsstück (ursprünglich ohne Aermel) zum Umhängen.

Mappe, f., Plur. -pen, — vom *lat.* mappa, ein Vor-, Tischtuch, eine

Serviette (wie bei den alten Römern gebräuchlich); — ein zum Hineinlegen von Papier ꝛc. eingerichtetes (einem zusammengelegten Tischtuch ꝛc. ähnliches) Behältniß.

Marelle, s. Morelle.

Marketender, m., Plur. gleichlaut., — vom *franz.* mercadent, spr. =bang (*ital.* mercatante, mercante [vom *lat.* mercári (merx, gen. mercis, Waare), Handel treiben, handeln, erhandeln, erkaufen], Handels=, Kaufmann), Bänkelkrämer; — ein (namentlich mit Soldaten bei Manövern, auf Feldzügen ꝛc.) herumziehender Handelsmann, welcher Lebensmittel (besonders Getränke) verkauft.

Markt, m., Plur. **Märkte**, *ital.* mercato, *lat.* mercatus, eine an einem festgesetzten Tage und an einem bestimmten Orte stattfindende Zusammenkunft von Käufern und Verkäufern, auch der Platz einer solchen Versammlung.

Marmel, m., *lat.* marmor, *griech.* mármaros (m.) oder =ron (n.) (μάρμαρος oder =ρον), — (Stamm mar, schimmern); — ein schimmernder, kohlensaurer (weißer oder schwarzer) Kalkstein.

Marter, f., Plur. =tern, — vom *lat.* und *griech.* martyr, gen. (*lat.*) =tyris, (*griech.*) =tyros (μάρτυρ, gen. =τυρος), ein Blutzeuge, d. i. Einer, der mit seinem Blute oder Tode für seine Ueberzeugung =, seinen (politischen oder religiösen) Glauben einsteht; — Qual, Pein (wie sie ein solcher Blutzeuge [Märtyrer] zu erdulden hatte.

März, m., *lat.* Martius (mensis, Monat), — Martius, a, um (Mars, gen. Martis [Wurzel mar, s. Marmel], der römische Kriegsgott), den Mars betreffend, der (bei den Römern dem Mars geheiligte) 3. Monat, Frühlings=, Lenzmonat.

Maschine, f., Plur. =schinen, *franz.* machine, spr. maschihn, *lat.* machina, *griech.* mēchanē (μηχανή), ursprünglich ein Hülfsmittel, daher ein Werkzeug, die Verrichtung einer Arbeit zu erleichtern, ein Triebwerk, Kunstgetriebe.

Maske, f., Plur. =ken, *franz.* masque, spr. mask, *ital.* maschera, spr. maskera, *span.* und *portug.* mascara, *mittellat.* masca, — Herkunft unermittelt; vielleicht vom *arab.* maskhara (=schira, verlachen, verspotten), Possenreißer(ei); Andere wollen es auf *althochd.* masca, (Masche) Netz, zurückführen (weil die Maske ursprünglich ein Netz gewesen); — eine Larve, ein Fratzengesicht, eine hohle Gesichtsform (zum Unkenntlichmachen), die Person selbst, welche sich auf solche Weise unkenntlich macht, auch falscher Schein, Verdeckung, Verstellung, Ausflucht.

Masse, f., Plur. =sen, *franz.* spr. maß, *lat.* massa, *griech.* máza (μάζα), — vom *lat.* massáre, *griech.* mássein (μάσσειν) (Stamm mao, s. Manschette), betasten, berühren (besonders mit den Händen), drücken, quetschen, kneten, streichen, wischen; — das Geknetete, der Teig, Klumpen, Stoff, die Menge.

Matratze, f., Plur. =zen, *mittellat.* matra= oder mataralium, n., *altfranz.* materas, *neufranz.* matelas, m., spr. =lah, *ital.* materasso, — vielleicht verwandt mit *span.* almadraqueta, Kissen, welches als eine Diminutivform von einem ungebräuchlichen almadraque erscheint und hinweist auf *arab.* al-ma'tra'h (al, best. Art.; tara'ha, hinwerfen), ein Ort, an welchem etwas hingeworfen wird und auch gleichbedeutend mit Matratze; — eine (mit Haaren =, Watten =, Seetang = ꝛc.) ausgestopfte und abgenähte Decke (auf welche man sich hinwirft oder mit welcher man sich bedeckt).

Matrose, m., Plur. =sen, *holländ.* matross, — wahrscheinl. vom *holländ.* mat (vergl. *lat.* matta unter Matte), Matte, Stroh=, Binsen=, Bastgeflecht, Hängematte, — ein (in einer Hängematte schlafender) gemeiner Seemann.

Matsch, — scheint eine Nebenform von matt (s. d.) zu sein; — ein Spiel verlierend, = verloren habend.

Matt, *franz.* mat, spr. ma, *ital.* matto, *mittellat.* maltus, a, um, — vom mât (in der Redensart schâch mât, der König ist todt), überwunden, besiegt, todt; — schwach, entkräftet, erschöpft.

Matte, f., Plur. =ten, *lat.* matta, eine grobe (Binsen=, Stroh=, Schilf= ꝛc.) Decke.

Mauer, f., Plur. -ern, *niedersächs.* muur, *lat.* murus, eine aus Steinen aufgeführte Wand (im Lat. auch ein Erbwall, Damm).

Maul- (in der Zusammensetzung mit -thier, -esel), — vom *lat.* mulus, Maulthier (Equus mulus, Bastard von einer Pferdestute und einem Eselhengst) und Maulesel (Equus hinnus, Bastard von einer Eselstute und einem Pferdehengst).

Maul- (in der Verbindung mit -beere) vom *lat.* morus (entstanden aus Maurus, s. Mohr), Maulbeerbaum, eine Art Brodfruchtbaum (mor = mur = mul). Anm. Maul- (als Bestimmungswort in Maulwurf) ist aus Unverstand aus deutsch. Mull = fein zerriebene Masse (Erde, Torf ꝛc.) gebildet.

Maure, m. = Mohr, s. d.

Maus, f., Plur. Mäuse, *niedersächs.* muus, *lat.* mus, gen. muris, *griech.* mys, gen. myós (μῦς, gen. μυός), ein bekanntes Nagethier.

Meer, n., Plur. Meere, *franz.* mer, f., *ital.* und *lat.* mare, — von der Wurzel mar, s. Marmel; — das einen Gegensatz zu Festland bildende Gewässer und einzelne größere Theile desselben.

Meerrettig, m., Plur. -ge, = Meerrettig, — vergl. Meer und Rettig; — ein (zur Familie der [schotenfrüchtigen] Kreuzblüther gehöriges) Gewächs.

Meerschaum, m., — aus dem gleichbedeut. *tartar.* myrsen; — eine (zu Pfeifenköpfen, Zigarrenspitzen ꝛc.) verwendete Thonart.

Meier, m., Plur. gleichlaut, — vom *lat.* major (us), comp. von magnus, a, (um). groß; — eigentlich der Größere, daher der Obere, der Vorsteher -, Leiter -, Führer einer Landwirthschaft. Meierin, f., Plur. -innen, die Vorsteherin einer Milchwirthschaft.

Meile, f., Plur. -len, *engl.* mile, spr. meil, *ital.* miglio, spr. miljo, *span.* milla, spr. milja, *franz.* mille, spr. mihj, *lat.* mille (nämlich passuum, gen. plur. von passus, Schritt), *griech.* milion (μίλιον), — mille (von der Sanskritwurzel mil, zusammenkommen, sich verbinden, mischen), eigentlich eine Zusammenhäufung, Menge, große Zahl, daher tausend; — eine (nach Tausenden bestimmte) Entfernung. Anm. Die alte röm. Meile = 1000 Schritt, die engl. und ital. = 5000, die deutsche = 20000, die geograph. = 24000 Fuß.

Mein, meiner, e, es, *engl.* my (adjektivisch), spr. mei, mine (substantivisch), spr. mein, *franz.* mon, ma (adjekt.), spr. mong, mien, -enne (subst.), spr. mieng, miënn, *lat.* meus, a, um, *griech.* emós, é, ón (ἐμός, ή, όν), — egó, gen. emû oder mū (ἐγώ, gen. ἐμοῦ oder μου), ich; — Besitzwort -, besitzanzeigendes Fürwort der 1. Person.

Meiran, s. Majoran.

Meister, m., Plur. gleichlaut, — vom *lat.* magister (magis [entstanden aus magius, compar. vom alten magus = magnus, *griech.* mégas, megálē, méga (μέγας, μεγάλη, μέγα) (von der Sanskritwurzel mach, wachsen), groß (nach Umfang, Wichtigkeit, Preis, Alter ꝛc.], mehr), der Größere, Höhere, Vorsteher, Aufseher, Lehrer; — ein Lehrherr, Einer, der in einer Kunst, Fertigkeit, Arbeit ꝛc. etwas Tüchtiges -, Ausgezeichnetes leisten kann, (in Innungen Einer, der ein Handwerk zunftmäßig erlernt und in gleicher Weise seine Befähigung, dasselbe selbständig auszuüben und Andere darin zu unterweisen, nachgewiesen hat).

Melone, f., Plur. -nen, *ital.* mellone, *span.* und *franz.* melon, letzt. spr. melong, *lat.* melo, gen. melónis, — entstanden aus gleichbedeut. *lat.* melópepo, gen. -pónis, *griech.* melopépōn (μηλοπέπων) (mēlon [μῆλον], Apfel; pépōn [πέπων], part. praes. act. von pepein [πέπειν], kochen, weich -, reif machen, als adject. reif, mürbe), eigentlich reifer Apfel (nach der Aehnlichkeit mit einem Apfel und mit einer Hindeutung auf den Umstand benannt, daß diese Frucht nur reif -, mürbe gegessen wurde); — eine zur Familie der Kürbisse gehörige Pflanze (jetzt Cucumis melo).

Memme, f., Plur. -men, — vom *lat.* und *griech.* mámma (μάμμα), *griech.* auch mámmē (μάμμη), Benennung lallender Kinder für Mutter; darnach die Mutterbrust (Wiederholung der ersten Silbe von mater, s. Mutter); — Mutter, (vom männlichen Geschlecht gebraucht =) Weib, Feigling (der wie ein kleines Kind bei der geringsten Gefahr gleich nach der Mutter [Memme] ruft, d. i. in Furcht geräth).

Mennig, m., **Mennige**, f., *lat.* minium, — hispan. Ursprungs; — ein rother Farbestoff.

Messe, f., Plur. -sen, *franz.* Schluß-e stumm, *ital.* messa, *span.* misa, *kirchenlat.* missa; — missus, a, um, part. perf. pass. (missum, 1. supin.) von mittere, in Bewegung setzen, schicken, senden, entlassen, verabschieden, abbanken; — die katholische Abendmahlsfeier, das dabei übliche Altargebet, die Konsekration des Brodes und Weines, das dabei angeführte geistliche Tonstück, ein (dadurch veranlaßter, sich durch einen größeren Umfang der Geschäfte, längere Zeitdauer und besondere Vorrechte auszeichnender) Jahrmarkt. Anm. Die substantivische Bedeutung von missa (= Entlassung) entstand aus den Worten: „Ite, missa est (concio)," d. h. „Geht, entlassen ist (die Versammlung)," mit welchen ein (katholischer) Geistlicher anzeigte, daß der Gottesdienst für diejenigen beendigt sei, welche nicht an der nun folgenden Abendmahlsfeier Theil nehmen wollten und wurde irrthümlich unter „missa" das genannte Sakrament und unter „missa est" „das Abendmahl ist, -beginnt" verstanden.

Messen, niedersächs. meten, *lat.* metiri, *griech.* métrein ($\mu\acute{\varepsilon}\tau\varrho\varepsilon\iota\nu$), — vom *griech.* métron ($\mu\acute{\varepsilon}\tau\varrho o\nu$), Maß; — die Größe von etwas durch ein bestimmtes Mittel untersuchen.

Metall, n., Plur. -talle, *lat.* metallum, *griech.* metallon ($\mu\acute{\varepsilon}\tau\alpha\lambda\lambda o\nu$), — hängt vielleicht mit metalláō ($\mu\varepsilon\tau\alpha\lambda\lambda\acute{\alpha}\omega$), nachfragen, -forschen, welches auch mit met' alla = meta alla ($\mu\varepsilon\tau$' $\ddot{\alpha}\lambda\lambda\alpha$ = $\mu\varepsilon\tau\alpha$ $\ddot{\alpha}\lambda\lambda\alpha$) (meta, mit, unter, nach, zu; állos, ē, on [$\ddot{\alpha}\lambda\lambda o\varsigma$, η, $o\nu$], ein anderer, e, es) zusammenzuhängen und daher eigentlich „nach andern Dingen fragen" zu bedeuten scheint; — ursprünglich wohl das Durchsuchen, dann der Ort, wo man sucht und endlich das Gesuchte selbst, jetzt ein einfaches, undurchsichtiges. meistens festes, schmelzbares (gesuchtes = geschätztes) Mineral von einem eigenthümlichen Glanze.

Mette, f., Plur. -ten, — vom *lat.* matutina (hora, Stunde) (matutinus, a, um, früh), Frühstunde; — Früh-, Morgengottesdienst, -predigt.

Meute, f., Plur. -ten, *franz.* spr. möht, — dasselbe Wort bedeutet im Altfranz. Aufstand und dieses führt auf die Verwandtschaft mit *lat.* motus (motum, 1. supin. von movēre [vielleicht verwandt mit meáro, gehen], eigentlich wol gehen machen, daher bewegen, in Bewegung setzen, rühren, schütteln, sich regen, aufmachen, unruhig werden ꝛc.), Bewegung, Unruhe, Aufstand; — Trupp Jagdhunde. **Meuterei**, f., durch Aufwiegelung hervorgebrachte aufrührerische Gewaltthätigkeiten Untergebener gegen ihre Uebergeordneten.

Miliz, f., *franz.* milice, spr. -lihß, *lat.* militia, — vom *lat.* miles, gen. militis (gleicher Abst. mit mille, s. Meile), eigentlich Zusammenkommendes, -gezogenes, daher Genossen, besonders Kampfgenossen, (Fuß-)Soldaten; — die für einen Nothfall zusammenberufene und bewaffnete, nicht zum stehenden Heere gehörige Einwohnerschaft eines Landes.

Mine, f., Plur. -nen, *franz.* e stumm, *portug.*, *span.* und *ital.* mina, — *franz.* miner, spr. -neh, *span.* minár, *ital.* mináre, aushöhlen (wird zurückgeführt auf *lat.* mináre, treiben; — eine Grube, Erzgrube, ein unterirdischer, ausgehöhlter Gang, ein Schacht (beim Bergbau), Sprenggrube, -graben, -höhle (beim Kriegswesen), auch ein heimlicher Anschlag, ein im Stillen vorbereitetes Mittel zur (plötzlichen) Erreichung eines Zweckes.

Minute, f., Plur. -ten, *franz.* spr. minüht (würde im *lat.* minuta [nämlich pars, Theil] heißen müssen), — minutus, a, um, part. perf. pass. von minuere (verwandt mit *griech.* gleichbedeut. minýthō [$\mu\iota\nu\acute{\upsilon}\vartheta\omega$], welches auf einen Stamm minýs, ý [$\mu\iota\nu\acute{\upsilon}\varsigma$, $\acute{\upsilon}$], klein, wenig, schließen läßt), kleiner machen, verkleinern, vermindern, verringern, schwächen; — (ein verkleinerter -, kleiner -, namentlich) der 60. Theil von einem Ganzen (besonders einer Stunde und eines Grades).

Minze, **Münze**, f., *lat.* mentha, *griech.* mintha, -thē ($\mu\acute{\iota}\nu\vartheta\alpha$, -$\vartheta\eta$), eine zur Familie der Lippenblumen gehörige Pflanzengattung.

Mirte, Myrte, f., *franz.* myrte, *spr.* mirt, *lat.* myrtus, *griech.* mýrtos (μύρτος), ein Strauch mit immergrünen, wohlriechenden Blättern (dessen Zweige zu [Braut=]Kränzen benutzt werden).

Mischen, *lat.* miscere, *griech.* misgein = miguyein, *fut.* mixō (μίσγειν = μιγνύειν, *fut.* μίξω), zwei oder mehrere Körper (chemisch) mit einander verbinden.

Mispel, f., Plur. =speln, *lat.* mespilus, *griech.* mespilō (μεσπίλη), ein zur Familie der Apfelfrüchtler gehöriger Baum und seine Frucht.

Mitte, f., *lat.* medium, *griech.* méson (μέσον), — *lat.* medius, a, um, *griech.* mésos, ē, on (μέσος, η, ον), in der Mitte befindlich, mitten inne; — der zwischen zwei Dingen (von beiden gleich weit entfernt) liegende Punkt.

Möbel, n., Plur. **Möbeln,** *franz.* meuble, m., *spr.* möbel. — vom *lat.* mobilia (bona) (Plur. von mobile [bonum, Gut]), bewegliche Güter; res mobiles (Plur. von res mobilis), bewegliche Sachen, = Dinge; mobilis, e (zusammengezogen aus movibilis, von movēre, s. Mente), beweglich; — (bewegliches) Stubengeräth.

Mode, f., Plur. =den, *franz. spr.* mohd, — vom *lat.* modus, das Maß, womit = oder wonach man etwas mißt, die Art und Weise; — der dem (oft schnellen) Wechsel unterworfene Zeitgebrauch (besonders in Betreff der Kleidung), die zeitgemäße Art und Weise, sich zu kleiden.

Mohr, m., *franz.* moire, *spr.* moar, *altfranz.* mohère, *engl.* mohair, *spr.* =hähr, — wahrscheinlich hindustan. Ursprungs, da *ind.* moïacar, mohacar oder maghar ein Zeug aus Ziegenhaar bezeichnet (weshalb nach Klang und Bedeutung die engl. Form [hair = Haar] dem Stamm am nächsten kommt); — ein gewässertes Wollen= oder Seidenzeug.

Mohr, m., Plur. **Mohren,** — vom *lat.* Maurus, plur. Mauri, *griech.* Manrós, plur. Mauroi (Μαυρός, plur. Μαυροί) (maurós = amaurós, á, ón [μαυρός = ἀμαυρός ά, όν], dunkel, schwärzlich, finster), ein Maure, dunkelfarbiger (schwarzer) Bewohner der Landschaft Mauritanien insbesondere und Afrika's überhaupt; — = Neger, s. b.

Mole, f., Plur. =len, *franz.* môle, *spr.* mohl, *ital.* molo, — vom *lat.* moles (eigentlich wol mogles, — neuen im *griech.* mogéō [μογέω], sich abmühen, erhaltenen Stamme), ein drückender Körper, Klumpen, eine Masse, massenhaftes Bauwerk, Grundbau, Wehr, Damm; — ein (Ufer=) Damm, Wehr.

Mönch, m., Plur. **Mönche,** *kirchenlat.* monáchus, *kirchengriech.* monachós (μοναχός), — *griech.* monachós, ē, ón (μοναχός, ή, όν) (mónos, ē, on [μόνος, η, ον], allein, einzeln, einzig), einzeln, besonders einzeln lebend; — eigentlich der Einzelnlebende, ein Klosterbruder (der verpflichtet ist, allein (in einer Zelle und unverheirathet) zu leben.

Moos, n., Plur. **Moose,** *niedersächs.* muss, *franz.* mousse, *spr.* muß, *mittellat.* mussum, *lat.* muscus, — verwandt mit *griech.* móschos (μόσχος), Sproß, Zweig; — eine (kryptogamische) Pflanzenfamilie, =gattung, =art.

Mord, m., Plur. **Morde,** wird zurückgeführt auf *lat.* mors, gen. mortis (nach Einigen zusammengezogen aus *griech.* móros [μόρος] [meiromai (μείρομαι), seinen Antheil empfangen, durchs Loos einer Sache theilhaft sein], Loos, Schicksal, Geschick [besonders unglückliches], gewaltsamer Tod; nach Andern von einer Wurzel mar, verdorren, verwelken, oder *sanskr.* Wurzel mri, sterben), Tod; — die absichtliche (nach dem deutschen Strafgesetzbuch die überlegte) Tödtung eines Menschen.

Morelle, Marelle, f., Plur. =len, — vom *lat.* mauros, s. Mohr; — eine Art (dunkle =, schwärzliche) Sauerkirsche.

Morsch, *ital.* marcio, *spr.* martscho, *lat.* marcidus, a, um, — vom *lat.* marcēre, welk =, matt =, kraftlos sein; — verfault, verwittert.

Mörser, m., Plur. gleichlaut., *franz.* mortier, *spr.* mortjeh, *span.* mortero, *ital.* mortajo, *lat.* mortárium, — hängt vielleicht mit mors (s. Mord) zusammen; — ein metallenes (gewöhnlich glockenförmiges) Gefäß, in welchem mittelſt eines Klöpfels Sachen gequetſcht -, zerſtoßen werden, ſpäter auch ein ſchweres Geſchütz (von ähnlicher Form) zum Bombenwerfen.

Mörtel, m., *franz.* mortier, *span.* mortero, *lat.* mortarium, — vergl. Mörſer; — ein Gemiſch von Kalk und Sand (welches [wie in einem Mörſer] in einem Behälter zuſammengeſtoßen und dadurch vermengt wird.

Moſchee, f., Plur. -ſcheen, *franz.* mosquée, ſpr. -keh, *ital.* moschea, *arab.* masjid, medschid, — sadschada, ſich bücken, anbeten; — ein (muhamedaniſches) Bet-, Gotteshaus.

Moſt, m., *span.* und *ital.* mosto, *engl.* must, ſpr. möſt, *lat.* mustum (nämlich vinum, Wein), — mustus, a, um, jung, neu, friſch; — ein junger, ſüßer Wein, -Obſtwein, -ſaft. **Moſtrich**, **Moſtert**, m., *engl.* mustard, ſpr. möſtärd, *ital.* mosturda, ein mit Moſt (jetzt Eſſig) zubereiteter Senf.

Mühle, f., Plur. -len, *engl.* mill, *franz.* moulin, ſpr. muläng (menle, ſpr. möhl [wie im Griech. auch], Mühlſtein, Gang in einer Mühle), *lat.* mola, *griech.* mýlē (μύλη), eine Vorrichtung -, ein Maſchinenwerk zum Mahlen.

Mücke, f., Plur. -cken, *niederſächs.* mügg(e), — vom *lat.* musca, *griech.* myia (μυῖα), Fliege; — eine zu den Zweiflüglern gehörige Inſektengattung.

Münſter, n. (oft auch m.), Plur. gleichlaut, — vom *lat.* monasterium, *griech.* monastérion (μοναστήριον) (monastḗs [μοναστής] [von mónos, ſ. Mönch], der einſam Lebende, [Kirchenſpr.] Mönch), Ort zum einſamen Leben, (Kirchenſpr.) Kloſter; — eine große Stiftskirche (bei welcher ehemals die Geiſtlichen nach gewiſſen Regeln [wie in einem Kloſter] zuſammenlebten).

Münze, f., Plur. -zen, *lat.* moneta — von monēre, erinnern, ins Gedächtniß bringen, auf etwas aufmerkſam machen, warnen, ermahnen, ein Denk-, Merkzeichen geben ꝛc.; — ein Ort -, Haus, wo Metallſtücke mit einem beſtimmten Denk-, Merk-, Kenn-, Werthzeichen verſehen, - zu Geld geprägt werden, ein geprägtes Geldſtück.

Muſchel, f., Plur. -ſcheln, *lat.* musculus, — vergl. Muskel; — ein Weichthier mit zwei Schalen.

Muſelmann, m., Plur. -männer, *span.* musulmán, *ital.* muselmano, *mittellat.* musulmanus, — verderbt aus dem Plur. (moslemuna), von gleichbedeut. *arab.* moslem (salama, ſich [Gott] ergeben); — Bekenner der muhamedaniſchen Religion.

Muſik, f., *franz.* musique, ſpr. müſihk, *lat.* musica (ars), *griech.* musikḗ (μουσική) (téchnē [τέχνη], Kunſt), — *lat.* musicus, a, um, *griech.* musikós, ḗ, ón (μουσικός, ή, όν) (*lat.* Musa, *griech.* Mūsa [Μοῦσα] [muāō (μάω), taſten, ſuchen, ſtreben, erſinnen], die Muſe, d. i. die Göttin einer Kunſt oder Wiſſenſchaft), die Muſe -, Kunſt -, Wiſſenſchaft -, Gelehrſamkeit betreffend; — (eine Kunſt der Muſen, beſonders) die Tonkunſt.

Muskel, f., richt. m., Plur. -keln, *franz.* muscle, ſpr. müſkel, *lat.* musculus, — letzt. (dimin. von mus, *griech.* mys, gen. myos [μῦς, gen. μυός], Maus), heißt urſprünglich Mäuschen; — Fleiſchbündel an einem thieriſchen Körper (durch welche die Bewegungen deſſelben ausgeführt werden; die an der innern Handfläche am Daumen liegende Fleiſchmaſſe heißt (wegen ihrer Aehnlichkeit) *niederſächs.* muus = Maus.

Muskete, f., Plur. -ten, *franz.* mousquet, ſpr. musket, *ital.* moschetto, ſpr. mosketto, — letzt. bezeichnete wie *altfranz.* mouschete, *mittellat.* muscheta vor Erfindung des Schießpulvers ein Wurfgeſchoß, welches urſprünglich ähnlichen Zwecken diente, wie eine zur Beize dienende Sperberart (*altfranz.* mouchet von mouche = musca, ſ. Mücke); — eine Soldatenflinte.

Muſter, n., Plur. gleichlaut, *span.* muestra, *ital.* mostra, — vom *ital.* mostrare, *lat.* monstrare, zeigen, weiſen; — ein (etwas herweiſendes -, Vortrefflichkeit zeigendes) Vorbild, ein (zur Nachahmung gezeigtes) Probebild.

Mutter, f., Plur. Mütter, *niederſächs.* und *dän.* moder, *engl.* mother, ſpr. mod῾her, *franz.* mère, ſpr. mehr, *span.* madre, *ital.* madre, *lat.* mater, *dor.* matēr (μάτηρ), *griech.* mḗtēr (μήτηρ), — verwandt mit mama, ſ. Memme; — ein Weibchen (Thier), Weib (Menſch), welches Junge (Kinder) geboren hat.

N.

Nachen, m., Plur. gleichlaut., — verwandt mit *griech.* něchō, néō, náō (*νήχω, νέω, νάω*), schwimmen, fließen; — ein kleines (schwimmendes) Fahrzeug.

Nacht, f., Plur. Nächte, *engl.* night, spr. neit, *franz.* nuit, spr. nüh, *span.* nóche, *ital.* notte, *lat.* nox, gen. noctis, *griech.* nyx, gen. nyktós (*νύξ*, gen. *νυκτός*), der dunkle, finstre Theil des Tages (an welchem die Sonne unter dem Horizont ist).

Nankin, -king, m., *franz.* nanquin, spr. nangläng, — nach dem ursprünglichen Verfertigungsorte (der Stadt Nanking in China) benannt; — ein dicht gewebter (gewöhnlich erbsengelber) Baumwollenstoff.

Narde, f., *franz.* nard, spr. nahr, *lat.* nardus, *griech.* nárdos (*νάρδος*), *hebr.* nerd, *arab.* nardiu, nárdiu, *pers.* nard, nárd, *altpers.* narda, *sanskr.* nalada, — von nala, Duft, und da, gebend; — eine (duftgebende) Pflanze (aus deren [wohlriechenden] Blüthen das gleichnamige wohlriechende Oel bereitet wird.

Narr, m., Plur. Narren, — wird vom *lat.* naris, Nasenloch und (wie der Plur. nares) Nase, abgeleitet; daran *mittellat.* nurire, *franz.* nargner, spr. nargeh, die Nase spöttisch verziehen, -rümpfen, spotten, lachen über -; — ein lächerlicher Mensch, Possenreißer, Thor.

Narwall, m., Plur. -walle, — nar, abgel. von naris, f. Narr; weiter f. Wal; — ein zur Familie der Seekühe gehöriges Fischsängethier, Einzahn, -horn (Mónodon monóceros).

Narzisse, f., Plur. -sen, *franz.* narcisse, spr. narßiß, *lat.* narcissus, *griech.* nárkissos (*νάρκισσος*), — narkŏō (*ναρκόω*) (narkē [*νάρκη*], das Erstarren, Starr-, Steifwerden, die Lähmung), starr -, steif machen, lähmen, betäuben; — eine zu der Ordnung der schwertblätterigen Pflanzen gehörige Familie und Gattung von Blumen (letztere nach ihrem betäubenden Geruch benannt).

Nase, f., Plur. -sen, *niederd.* nees, *franz.* nez, spr. neh, *engl.* nose, spr. nohs, *lat.* nasus, das Geruchsorgan bei Menschen und Thieren, bildlich ein Verweis.

Natter, f., Plur. -tern, — vom *lat.* natrix (von nare, *griech.* náein [*νάω*], f. Nachen), die (schwimmende) Wasserschlange; — (in der Umgangsspr.) die giftige Kreuzotter (Pelias berus).

Nebel, m., Plur. gleichlaut., *lat.* nébula, — verwandt mit gleichbedeut. *griech.* nephélē (*νεφέλη*) (néphos [*νέφος*], Wolke, Gewölk); — sichtbare Wasserdünste in der untern Luft über der Oberfläche der Erde.

Neffe, m., Plur. -fen, *franz.* neveu, spr. newöh, *engl.* nephew, spr. néffjuh, *lat.* nepos, — vielleicht vom *griech.* néos (*νέος*), jung (neos, nevos, nepos), vergl. neu; — Bruder-, Schwestersohn, früher auch (wie im Lat.) Enkel.

Neger, m., Plur. gleichlaut., *franz.* nègre, spr. nehger, *ital.* und *span.* negro, — negro, *lat.* niger, -gra, -grum, schwarz, schwärzlich, schwarzbraun, dunkelfarbig, dunkel, finster, trübe, traurig, unglücklich; — ein Mensch mit schwarzer Hautfarbe, Mohr (f. d.).

Nein, *niedersächs.* nee (vergl. gleichbedeut. *engl.* no, *franz.* und *lat.* non, letzt. spr. nong), — verwandt mit *lat.* ne (vergl. *griech.* nē [*νή*], verneinendes Präfix), nicht; — ein (negirendes) Formwort.

Nerv, m., Nerve, f., Plur. Nerven, (*franz.* nerf), *lat.* nervus, *griech.* neuron (*νεῦρον*), ursprünglich Sehne, Flechse, (bildlich) Kraft, Stärke, darnach die vom Gehirn und Rückenmark ausgehenden, sich durch den ganzen Körper verbreitenden soliden, weißlichen Fäden, welche die Bewegung und Empfindung vermitteln.

Nett, *franz.* net, nette, spr. neh, nett, *span.* neto, *ital.* netto, — vom *lat.* nitidus, a, um (nitēre, glänzen), glänzend, blinkend, blank, schön aussehend; — rein, zierlich, sauber.

Neu, *engl.* new, spr. njuh, *franz.* neuf, neuve, spr. nöf, nöhw, *ital.* nuovo, *lat.* novus, a, um, *griech.* néos, a, on (*νέος, α, ον*), jung.

Neun, *engl.* nine, *franz.* neuf, spr. nöf, *ital.* nove, *lat.* novem, *sanskr.* navan, die zwischen 8 und 10 liegende Zahl.

Nonne, f., Plur. -nen, *franz.* e stumm, *lat.* nonna, — letzt. weibliche Form von nonnus (Mönch) und dieses wahrscheinlich vom kopt. nano, nanu, gut, schön, keusch; — eine Klosterdame (wegen der gelobten Keuschheit so benannt).

November, m., *lat.* gleichlaut. (mit und ohne mensis, Monat), — novem, f. neun; — früher der neunte, jetzt der elfte Monat im Jahre, der Wind-, Reifmonat.

Note, f., Plur. -ten, *engl.* und *franz.* spr. noht, *span.*, *ital.* und *lat.* nota, — notus, a, um (von noscere, *griech.* gignóskein [γιγνώσκειν], kennen, erkennen), bekannt, — eine Anmerkung, eine diplomatische schriftliche Bemerkung, -Mittheilung, -Eröffnung, (in den neueren Sprachen auch) das schriftliche Zeichen für einen (musikalischen) Ton. **Notiz**, f., Plur. -zen, *franz.* notice, spr. -tihs, *lat.* notitia, Kenntniß, Kunde, Nachricht, Meldung, Anzeige, Bemerkung, Vermerk.

Null, *franz.* nul, nulle, spr. nüll, nüll, — vom *lat.* nullus, a, um (ne, nicht; ullus, a, um [statt unulus, Diminutivform von unus, a, um, einer, e, es], irgend einer, e, es), nicht einer, e, es, keiner, e, es; — nichtig. **Null**, f., Plur. **Nullen**, das Nichts, das Zeichen desselben (0).

Nummer, f., Plur. -mern, *franz.* numéro, spr. nil-, *ital.* numero, *span.* numero, *lat.* numerus, Zahl.

Nuß, f., Plur. Nüsse, *lat.* nux, eine Art Frucht mit holziger Fruchthülle.

O.

Oase, f., *franz.* spr. oahs, *span.* oasis, *lat.* oasis, *griech.* oasis oder auasis (ὄασις oder αὔασις), — vom ägypt. ouaho, Trinkwasser; — wasserreiche und daher fruchtbare Landstrecke in einer Wüste, gleichsam eine Insel im Sandmeer.

Oblate, f., *franz.* oblat, m., spr. oblah, kirchenlat. oblatum, n. (wobei etwa donum, Gabe, zu ergänzen, — oblatus, a, um, part. perf. pass. von offerre (of = ob, gegen -, nach - hin, nach - zu, nach, um - willen, wegen, für, wider, entgegen ꝛc; ferre, *griech.* phérein [φέρειν], tragen, bringen, hervor-, darbringen), entgegentragen, -bringen, darbringen, anbieten, (spätlat. auch) opfern; — eigentlich das (ursprünglich von den ersten Christen zu den Liebesmählern) Mit-, Dargebrachte, dann das geweihte (Abendmahls-) Brod (bei den Katholiken das Hochwürdige oder die Hostie genannt), auch (nach der ähnlichen Zusammensetzung und Bereitungsart) ein Mittel zur Versiegelung von Briefen ꝛc.

Oel, f. unter Olive.

Offizier, m., Plur. -ziere, *franz.* officier, spr. -fißjeh, — vom *lat.* officium (entstanden aus opificium [opifex, gen. opificis (opus, Werk, Handlung; facere, machen ꝛc. [vergl. Fazit]), Werkmacher, -meister], die Verfertigung einer Arbeit, die Arbeit; — eigentlich die Verrichtung eines (besonders eines obliegenden) Werkes, die Obliegenheit, Verpflichtung, Verbindlichkeit, Schuldigkeit, (Dienst-)Pflicht, Dienst, -leistung, Amtsverrichtung; — ein Soldat der dritten (höchsten) Rangordnung.

Ohr, m., *lat.* auris, — verwandt mit gleichbedeut. lakon. aus (αὖς), *griech.* ūs (οὖς); — das Gehörorgan bei Menschen und Thieren.

Oker, **Oder**, **Ocher**, m., *franz.* ochre (oder ocre), spr. ocker (oder oker), *lat.* ochra, *griech.* ochra (ὤχρα), — ōchrós, á, ón (ὠχρός, ά, όν), bleich, blaß, gelblich; — ein oxydirtes Erz, erdiger Metallkalk (von gelblicher Farbe).

Oktober, m., *lat.* gleichlaut. — *lat.* octo, *griech.* októ (ὀκτώ), acht; — früher der achte, jetzt der zehnte Monat, der Weinmonat.

Oleander, m., *franz.* oléandre, spr. -angber, *portug.*, *span.* und *ital.* oleandro, *portug.* auch loendro, *mittellat.* lorandrum, — wahrscheinlich verderbt aus gleichbedeut. *griech.* rhodódendron ($ῥοδόδενδρον$) (rhódon [$ῥόδον$], Rose; dendron [$δένδρον$], Baum), Rosenbaum (jetzt Alpen- oder Schneerose); — jetzt ein zur Familie der Schieflinge gehöriger Strauch (Nerium oleander).

Olive, f., Plur. -ven, *franz.* spr. -lihw, *lat.* oliva = olea = *griech.* elaia ($ἐλαία$), die Frucht des Oelbaums (im Lat. und Griech. auch der Oelbaum).

Oel, n., Plur. Oele, *lat.* oleum, *griech.* élaion ($ἔλαιον$), das aus den Oliven und anderen Früchten (besonders aus Kernen) gewonnene Fett, Pflanzenfett.

Onkel, m., *franz.* oncle, spr. ongkel, *lat.* avunculus, — jetzt. dimin. von avus, s. Ahn; — Mutter- oder Vaterbruder.

Opfer, n., — wahrscheinlich vom *lat.* offerre, s. Oblate; — eine (besonders einer Gottheit) freiwillig dargebrachte Gabe.

Orden, m., Plur. gleichlaut., *engl.* order, *franz.* ordre, spr. -der, *lat.* ordo, gen. ordinis, die Reihe, -nfolge, Ordnung (Stamm lat., Endung deutsch), Stand, Klasse, Verbrüderung (zu bestimmten Zwecken, mit bestimmten Regeln und Abzeichen, daher auch) Unterscheidungs-, Ehrenzeichen. Ordnen (*lat.* ordinare), in die Reihe stellen, - bringen.

Orgel, f., Plur. -geln, von — *lat.* órganum, *griech.* órganon ($ὄργανον$) (vom *griech.* érgō [$ἔργω$] [Stamm erg, digammirt werg ($ἔργ$, $Ϝεργ$), vergl. Werk], thun, machen; érgon [$ἔργον$], That, Handlung, Werk, Vorrichtung, Arbeit, Geschäft); dasjenige, womit man etwas verrichtet, Werkzeug, Hülfsmittel, besonders Pflanzen- oder Thiertheile, welche die gemeinsame Wirksamkeit eine Lebensthätigkeit (Ernährung, Vermehrung, Bewegung, Empfindung, Sprache 2c.) vermitteln, auch ein musikalisches (Pfeifen-)Werkzeug; — ein musikalisches Instrument (aus Pfeifen, Tasten und Windladen bestehend).

Orkan, m., Plur. Orkane, *holländ.* orkaan, *dän.* orcan, *franz.* ouragan, spr. uragang, *ital.* uracana oder oragano, *engl.* hurricane, spr. hörrikähn, *span.* huracan (*portug.* furacao), — soll dem Karaibischen entlehnt sein; — ein heftiger Sturm, -wind, eine Windsbraut.

Osterluzei, f., — verderbt aus gleichbedeut. *lat.* aristolóchia *griech.* -chia ($ἀριστολοχία$) — áristos, ē, on ($ἄριστος, η, ον$), superl. von agathós, ḗ, ón ($ἀγαθός, ή, όν$), gut, oder zu areíōn, áreion ($ἀρείων, ἄρειον$), dem nur bei Dichtern vorkommenden compar. von einem verloren gegangenen árēs (mit welchem Arēs [$Ἄρης$], der Kriegsgott, und aretḗ [$ἀρετή$], Tugend, verwandt), tauglich, passend, männlich, stark, tapfer, gut, edel; locheía ($λοχεία$) (lóchos [$λόχος$] [légō ($λέγω$), legen, hinlegen, lagern, liegen, lesen, sammeln 2c.], das, sich [ins Bett] legen, die Niederkunft, Geburt), das Gebären, die Geburt; — beste(s) Geburt(skraut), eine zur Familie der Haselwurze gehörige Pflanzengattung (die wegen ihrer schweißtreibenden Kraft ehedem von Wöchnerinnen als Heilmittel gebraucht wurde).

Ozean, m., *lat.* Oceanus, *griech.* ōkeanós ($ὠκεανός$), — wahrscheinlich vom *sanskr.* ogha (okh, stark, mächtig), Menge, Vielheit, reißender Fluß; — das Weltmeer (das die Alten sich ursprünglich als einen großen [die Erdscheibe begrenzenden] Strom dachten).

P.

Paar, richt. **Par**, n., Plur. **Paare**, *engl.* pair, *franz.* paire, spr. beides pähr, *lat.* par, — par (adject.), gen. paris, plur. pares, gleich; — zwei gleiche -, zusammengehörige Dinge (Personen oder Sachen); (ein) par, einige gleiche -, zusammengehörige Dinge.

Pabst, s. Papst.

Pacht, f., Plur. **Pachten**, — vom *lat.* pactum (pactus, a, um, part. perf. von pacisci, paciscere oder pacere (pax, pacis, Festsetzung, Vertrag, Vergleich, Verabredung, Friede), einen Vertrag -, Vergleich mit Jemand machen,

=abſchließen, eine Verabredung treffen, verabreden), Vertrag, Vergleich, Verab=
redung; — die vertragsmäßige Geldſumme, welche für die Nutzung einer ertrags=
fähigen Sache (eines Grundſtücks, einer Anzahl Kühe ꝛc.) in beſtimmten Zeit=
räumen zu zahlen iſt.

Palaſt = Pallaſt, ſ. d.

Palliſade, f., Plur. =den, *franz.* palisade, ſpr. =ſahd, — vom *franz.*
palis, ſpr. =lih, *lat.* palus, ſ. Pfahl; — Schanz=, Spitzpfahl, (Plur.) Pfahlwerk,
Verſchanzung durch Spitzpfähle.

Pallaſch, m., Plur. =laſche, *russ.* palásch, ein breites, langes Reiter=
(Kavallerie=) Schwert.

Pallaſt, m., Plur. =läſte, (*franz.* palais, ſpr. paläh), *engl.* palace, ſpr.
pälläß, *ital.* palazzo, *lat.* palatium, — vergl. Pfalz; — ein großes, prächtiges
(der kaiſerlichen Reſidenz auf dem Palatium ähnliches) Wohnhaus, eine Fürſten=
wohnung, ein Schloß.

Palme, f., Plur. =men, *franz.* ſpr. palm, *ital.* und *lat.* palma, — vom
griech. palámē (παλάμη) (pállō [πάλλω] [verwandt mit bállō, ſ. Pall], ſchwin=
gen, ſchleudern, zittern, beben), die flache Hand; — (im Lat. auch die flache Hand
und was Aehnlichkeit mit ihr hat, daher) eine Pflanzenordnung, =familie, =gat=
tung, =art (nach der Aehnlichkeit der Blätter mancher Arten derſelben mit einer
Hand benannt).

Paneel, n., oder **Panele**, f., — von unſicherer Herkunft; vielleicht ver=
wandt mit *franz.* panneau, ſpr. =noh (pan, ſpr. pang [vom *lat.* pannus, ein
Stückchen Tuch, ein Lappen], Blatt eines Rockes, =Mantels, eine Wand, Seite,
Fläche), Fach, Feld, Füllung (einer Thür ꝛc.), Wandgetäfel, =bekleidung (ge=
wöhnlich nach Art der Thürfüllungen in Felder eingetheilt).

Panier, m., *franz.* bannière, ſpr. banjähr, *ital.* bandiera, *span.* bandera,
mittellat. banderia, Banner (wahrſcheinlich Ableitungen vom deutſchen Band
und in dieſem Fall kein Lehnwort).

Panſen, m., Plur. gleichlaut., *franz.* panse, ſpr. pangs, *span.* panza,
ital. pancia, *lat.* pantex, der Wanſt, der erſte Magen der Wiederkäuer.

Panther, ſ. Parder.

Pantoffel, m., Plur. =feln, *franz.* pantoufle (f.), ſpr. pangtufel, *span.*
pantuflo (m.), *ital.* pantúfola oder pantófola (f.), — von zweifelhafter (aber
wahrſcheinlich doch fremder) Herkunft; unter den verſuchten Ableitungen iſt die
willkürlich gebildetes *griech.* pantóphellos [παντόφελλος] [pās, pāsa, pan,
gen. pantós, pāsēs, pantós (πᾶς, πᾶσα, πᾶν, gen. παντός, πάσης, παντός),
all, ganz; phellós (φελλός), Kork, =eiche), Ganzkork; oder patéō, ſ. Pfad, und
phellós, ſ. o. ꝛc.) erſcheint diejenige vom *franz.* patte, Pfote, Tatze, Klaue,
Bein (wozu auch mundartliche Formen ohne n [z. B. pattuffel, patoufle, patofle]
paſſen) als die empfehlenswertheſte, wobei der zweite Theil als eine Endung an=
geſehen wird; — ein Halbſchuh (ohne einen die Ferſe umſchließenden Theil).

Panze, f., **Panzen**, m., = Panſen, ſ. d.

Panzer, m., Plur. gleichlaut., *span.* pancéra, *ital.* panc(i)era, — vom
lat. pantex, ſ. Panſen; — eine (metallene) Bekleidung zum Schutze des Rumpfes
und beſonders der Bruſt.

Papagei, m., Plur. =geien, *provenz.* papagai, *altfranz.* papegai, *span.*
und *portug.* papagayo, *engl.* popinjay (ſtatt popingay), ſpr. pöppinſchäh, *ital.*
papagallo, *mittelgriech.* papagas (παπαγάς), *neugriech.* papagállos (παπα=
γάλλος), — nach Einigen von papa, ſ. Papſt, und gayo, *altfranz.* *neufranz.*
geai, ſpr. ſchäh, Häher, Elſter, oder gallo = *lat.* gallus, männliches Huhn,
Hahn, wonach das Wort ein zuſammengeſetztes ſein und Pfaffenhäher, =elſter,
=hahn heißen würde; nach Andern haben wir es mit einem Simplex zu thun,
welches im gleichbedeut. *malay.* bayan wurzelt, aus welchem *arab.* babagá,
pers. bapgā, *türk.* papagān oder =gaï, *provenz.* =gai ꝛc. entſtanden; — der
Sittich, ſ. d.

Papier, n., Plur. =piere, *engl.* paper, ſpr. päper, *franz.* papier, ſpr.

papier, — vom *lat.* papýrus, *griech.* pápyros (πάπυρος), eine Art Cypergras (Cypérus papyrus) und das aus dem Baste desselben bereitete Schreibmaterial; — eine aus faserigen Pflanzenstoffen (besonders aus Lumpen) in Form von dünnen Blättern bereitete (besonders als Druck- u. Schreibmaterial gebrauchte) Masse.

Pappe, f., *ital.* pappa, — vom *lat.* papa, f. Papst; — Brei, (mit Brei-, Kleister) zusammengeklebte dünne Papierblätter.

Pappel, f., Plur. -peln, *lat.* pŏpulus, eine zur Familie der Weiden gehörige Pflanzengattung.

Papst, m., Plur. Päpste, — vom *lat.* papa, *griech.* páppas (πάππας), Vater (dem Lallen der Kinder, womit sie die Speise bezeichnen, nachgebildet, daher auch Brei, (im Lat. auch) ein ansehnlicher Kirchenlehrer, Bischof und = Papst; — der (heilige) Vater, Oberpriester -, -haupt der katholischen Kirche.

Par, f. Paar.

Paradies, (-deis), m., Plur. -diese, *franz.* paradis, spr. -dih, *engl.* paradise, spr. pärrädeis, *lat.* paradisus, *griech.* parádeisos (παράδεισος), — vom *altpers.* paradaësas (vom *sanskr.* paradêsa, fremdes -, bestes -, schönstes Land), ein großer Baum-, Thier-, Lustgarten, besonders der erste Wohnort der ersten Menschen, daher auch ein lieblicher -, reizender Ort, Aufenthalt der Seligen.

Parder, *lat.* párdus, *griech.* -dos (πάρδος), **Pardel**, *lat.* und *griech.* párdalis (πάρδαλις), **Panther**, alle Formen m., Plur. in allen Fällen gleich dem Sing., *lat.*, *griech.* panthēr (πάνθηρ), — vergl. *griech.* pántheros, on (πάνθηρος, ον) (pan, f. Pantoffel; thēra [θήρα] [thēr, gen. thērós (θηρ, gen. θηρός), Thier], Jagd), Alles jagend; — eine zur Familie der Katzen gehörige Thiergattung.

Part, m., *franz.* spr. par, *lat.* pars, gen. partis, Theil, Antheil, Stück. **Partei**, f., Plur. -teien, eine (ein Ganzes bildende) Abtheilung -, Anzahl gleichgesinnter Personen. **Partie**, f., Plur. -tieen, eine (ein Ganzes bildende) Abtheilung -, Anzahl gleichartiger Dinge.

Pathe, m., Plur. -then, — von pater, f. Papst; — der aus der Taufe Hebende (Taufzeuge), - Gehobene (Täufling).

Patrolle, f., Plur. -len, *franz.* patrouille, spr. -truhj, — von patte, f. Pantoffel; — Streif-, Schaar-, Rund-, Sicherheitswache, auch das Band mit einer Quaste an einer Trompete (in diesem Sinne vom *franz.* banderole, Quaste [gleicher Ableitung mit Panier, f. b.]).

Patron, m., *franz.* spr. patrong, *lat.* patrónus, — von pater, f. Papst; — Beschützer, Vertheidiger, Schutzheiliger, Schutz-, Schirm-, Kirchen-, Schiffs-, Handlungsherr, Vorsteher, Gönner, in der Volkssprache verächtlich = Kerl.

Patrone, f., *span.* und *franz.* patron, *ital.* patrone oder -drona, — vom *lat.* patrona (femin. von patronus, f. Patron), Beschützerin ꝛc.; — eine schützende Hülle, Pulver-, Schußhülle, Ladung ꝛc.

Patte, f., Plur. -ten, *franz.* e stumm, — von unermittelter (fremder) Herkunft; — die Klappe an Kleidern, Ueberschlag einer Tasche.

Pause, f., Plur. Pausen, *engl.* und *franz.* spr. pohs, *lat.* (*span.* und *ital.*) pausa, *griech.* pausis (παυσις), — pauō, fut. pausō (παύω, fut. παύσω), machen, daß Einer aufhört, aufhören, endigen; — das Aufhörenmachen, Innehalten, der Einhalt, Stillstand, Ruhepunkt, das zeitweise Aufhören -, die Unterbrechung einer Thätigkeit, besonders (in der Tonkunst) das (vorgeschriebene) Aufhören -, Schweigen einzelner oder aller Stimmen, - Instrumente auf bestimmte Zeit und das (musikalische) Zeichen dafür.

Pech, n., *franz.* poix, spr. poa, *ital.* pece, *lat.* pix, gen. picis, *griech.* pissa (πίσσα), — vergl. *griech.* peukē (πευκη), Pechfichte, Fichte, Föhre; — ein besonders eingesottenes Fichtenharz.

Pein, f., *franz.* peine, spr. pähn, *lat.* poena, *griech.* poinē (ποινή), eigentlich Lösegeld für eine Blutschuld, Sühne, Ersatz, Genugthuung, Buße, Strafe, Schmerz, Qual.

Pellen, *franz.* peler, spr. -leh, — von pellis, f. Pelz; — schälen (die Haut [von Kartoffeln ꝛc., welche mit der Schale gekocht wurden] abziehen).

Pelz, m., Plur. **Pelze**, *lat.* pellis, eine (wollige -, langhaarige [besonders gegerbte]) Thierhaut (vergl. Fell).

Pendel, n., Plur. gleichlaut., *franz.* pendule, spr. pangbühl, *neulat.* péndulum, — vom *lat.* péndulus, a, um (péndere, hangen, auf-, an-, einhängen, henken), hangend, herabhängend; — ein (an einem Faden -, Draht -, einer Stange) hangender Körper, welcher (in Bewegung gesetzt) regelmäßige Schwingungen macht.

Pergament, n., Plur. -mente, *mittellat.* pergamentum, *lat.* Pargamena (charta, Blatt, Papier, oder pellis, Fell, Haut), *griech.* Pergaménē (charta oder diphthéra) (Περγαμηνή) [χάρτα oder διφθέρα], — *lat.* Pergamenus, a, um, *griech.* -mēnós, ḗ, ón (-μηνός, ή, όν), zu Pergamus, einer Stadt in Mysien, gehörig, daher kommend; — ein auf besondere Weise zubereitetes Thierfell (ursprünglich in Pergamus verfertigt).

Perle, f., Plur. -len, *franz.* spr. perl, *ital.*, *span.*, *portug.* perla, *mittellat.* perula; — von noch nicht sicher ermittelter Herkunft; unter den versuchten Ableitungen dürfte die von pirula (einem nicht vorkommenden dimin. von pirum [pirus, Birnbaum], Birne) die wahrscheinlichste sein; andere (wie von perna, Muschel, Behälter einer Perle; pilula, sphaerula, Kügelchen; beryllus, Beryll) erscheinen weniger begründet; — ein runder (birnförmiger) Auswuchs einer Muschel (besonders der Meer- und der Flußperlmuschel [Meleagrina margaritifera und Unio margaritifer]).

Perrücke, f., Plur. -rücken, *franz.* perruque, spr. -rühk, — vom *span.* pelo = *lat.* pilus, Haar; — eine (den natürlichen Haarwuchs nachahmende) Kopfbedeckung.

Person, f., Plur. -sonen, *franz.* personne, spr. -sonn, *span.*, *ital.* und *lat.* persóna, — per, durch; sonare (sonus, Schall, Ton, Klang), schallen, erschallen, tönen, klingen; — eigentlich wol die die Stimme durchlassende, aber auch verstellende und verstärkende der Rolle angepaßte Maske, - Larve der Schauspieler bei den alten Römern, darnach die Rolle selbst, der Karakter, das Individuum von einem Schauspieler dargestellt und dann ein sich selbstbewußtes -, vernünftiges (in der Rechtssprache rechtsfähiges) Einzelwesen (Gegensatz zu Sache).

Pest, f., *franz.* peste, Schluß-e stumm, *lat.* pestis, eine ansteckende Krankheit, Seuche.

Petersille, -sile, -silie, f., *ital.* petrosello, -sillo, *lat.* petroselinum, *griech.* petroselinon (πετροσέλινον), — pétros (πέτρος), Stein, Fels; sélinon (σέλινον), Eppich (jetzt Sellerie, s. d.); — wörtlich Steineppich, eine flachsugige Schirm- oder Doldenpflanze (Petroselinum sativum).

Pfad, m., Plur. **Pfade**, *niedersächs.* patt, *engl.* path, spr. päbsh, *griech.* pátos (πάτος), — patéō (πατέω), treten, betreten, gehen; — der (betretene Fuß-)Weg.

Pfaff(e), m., Plur. -fen, *niedersächs.* pap(e), — von papa, s. Papst; — Geistlicher (besonders im gehässigen Sinne).

Pfahl, m., Plur. **Pfähle**, *niedersächs.* pa(h)l, *franz.* pal, *span.* und *ital.* palo, *lat.* palus, ein (behufs Einrammens) zugespitzter Ast, - Knüppel.

Pfalz, f., Plur. **Pfalzen**, — vom *lat.* palatium, s. Pallast; — ehemals ein kaiserliches Schloß mit dem dazu gehörigen Ländergebiet, danach jetzt noch der Name zweier Kreise des Königsreichs Baiern (Ober-, Rheinpfalz).

Pfand, n., Plur. **Pfänder**, *niedersächs.* paud, *althochd.* phant, *altfranz.* pan, (*engl.* pawn, spr. pahn), — vom *lat.* pannus (verwandt mit *griech.* pēnos [πῆνος], der Foden des Einschlags bei einem Gewebe, das Gewebe selbst), ein Stück (gewebtes) Tuch, ein Lappen; — das zur Sicherheit (für die Lösung eines Versprechens -, besonders für die Wiederbezahlung eines Darlehns) Gegebene, - Eingehändigte (ursprünglich wol Gewebtes, Kleidungsstücke 2c.).

Pfanne, f., Plur. -nen, *niedersächs.* pann, *mittellat.* panna, *lat.* patina, ein (nach unten flach gebogenes -, gewölbtes thönernes oder metallenes) Gefäß zum Schmelzen leichtflüssiger Dinge, zum Braten 2c.).

Pfarre, auch **Pfarrei**, f., Plur. -ren, -reien, — vom *lat.* parochia oder paroccia (vom *griech.* paroikía [παροικία] [par, para (παρ, παρά), bei, neben; oikos (οἶκος), Haus, -wesen], das Nebenwohnen, das Wohnen eines Fremden in einem Orte), in der Kirchenspr. der Sprengel eines Bischofs, Kirchsprengel, -spiel; — Amt -, Dienst eines angestellten christlichen Geistlichen, - Seelsorgers, seine Amtswohnung. **Pfarrer**, m., ein solcher Seelsorger.

Pfau, m., Plur. **Pfaue(n)**, — vom gleichbedeut. *lat.* pavo, *griech.* taós (ταώς); eine Hühnerart.

Pfebe, f., Plur. -ben, *lat.* pepo, gen. -ponis, *griech.* pépōn, gen. -ponos (πέπων, gen. -πονος), — von pepo = peptō (πέπο = πέπτω), kochen, weich -, reif machen, vergl. Melone; — eine (von der Sonne gereifte) Kürbisart.

Pfeffer, m., *niedersächs.* peper, *lat.* piper, *griech.* péperi (πέπερι), eine Gewürzpflanze.

Pfeil, m., Plur. **Pfeile**, *niedersächs.* pi(h)l, *lat.* pilum, das zu einem Bogen gehörige Wurfgeschoß.

Pfeiler, m., Plur. gleichlaut., *niedersächs.* piler, *lat.* pila, eine (senkrechte oder schräge) Stütze (von Holz, Stein oder Metall).

Pfennig, Pfenning, m., Plur. -ni -, -ninge, *althochd.* phenninc, pheutinc, phantinc, — soll gleicher Abkunft mit Pfand (s. d.) sein; — ursprünglich wol das einen Pfandwerth darstellende -, auf ein Pfand geliehene Geld, jetzt eine Scheidemünze von geringem Werth.

Pferd, n., Plur. -de, — vom *spätlat.* paraveredus (*griech.* para [παρα], neben, bei; *lat.* veredus [vehere, tragen, sich tragen lassen, fahren, reiten]), ein leichtes (Jagd-, Post-) Pferd, ein Bei-, Neben-, Postpferd für besondere Fälle; — die Gattung und besonders eine Art (Equus caballus) der Einhufer.

Pfifferling, Pfefferling, m., — von Pfeffer, s. d.; — eine Art Hautpilz (Cantharellus aurantiacus), darnach eine werthlose Sache.

Pfingsten, Plur., — vom *griech.* pentakosté (πεντακοστή) (hēméra [ἡμέρα], Tag) (pentakostós, é, ón [πεντακοστός, ή, όν] [pentékonta (πεντήκοντα) (pénte [πέντε], fünf), fünfzig), der, die, das fünfzigste), der fünfzigste Tag (nach Ostern); — ein am fünfzigsten Tage (nach Ostern) gefeiertes Fest (bei den Juden zur Erinnerung an die Gesetzgebung auf Sinai, bei den Christen zur Erinnerung an die Ausgießung des heil. Geistes).

Pfirs-, Pfersich, m., Plur. -siche, oder **Pfir-, Pfersche**, f., Plur. -schen, *niedersächs.* persch, — verdreht aus Persische (nämlich Frucht) (persicus, a, um, *lat.*, *griech.* persikós, é, ón [περσικός, ή, όν] [*lat.* Persa, *griech.* Pérsēs (Πέρσης), der Perser], persisch, die Perser betreffend, aus Persien kommend ꝛc.); — ein zur Familie der Steinfrüchtler gehöriger (aus Persien stammender) Baum (Pérsica vulgáris oder amygdalus persica) und dessen Frucht.

Pflanze, f., Plur. -zen, *niedersächs.* plant, (engl. spr. plänt), *franz.* plante, spr. plangt, *lat.* planta, ein irdisches Naturerzeugniß, welches das Vermögen hat, sich zu ernähren und zu vermehren, ein Gewächs.

Pflaster, n., Plur. gleichlaut., *niedersächs.* plahster, *lat.* emplástrum, *griech.* émplastron (ἔμπλαστρον), — emplásso (ἐμπλάσσω) (em = on [ἐμ = ἐν] [= *lat.* in], in, auf, unter ꝛc.; plássō [πλάσσω], bilden, formen, gestalten [aus einer weichen Masse, einem Teige, daher auch schmieren], erdichten ꝛc.), darin-, daraufschmieren, -streichen; — ein teigartiges Heilmittel (welches auf Leder, Leinen ꝛc. geschmiert und dann auf die wunde -, kranke Stelle des Körpers gelegt wird).

Pflaster, n., — gleicher Ableitung mit d. v.; — die kunstgerechte (gleichsam aufgestrichene) Steinlage einer Fläche (Straße, Stall ꝛc.).

Pflaume, f., Plur. -men, *niedersächs.* plumm, *engl.* plum, spr. plömm, *franz.* prune, spr. prühn, *lat.* prunum, *griech.* prúnon oder prúmnon (προῦνον oder προῦμνον), — *lat.* prunus, *griech.* prúnos, prúmnos (προῦνος, προῦμνος), Pflaumenbaum; — eine zu der Familie der Steinfrüchtler gehörige Baumgattung und ihre Frucht.

Pforte, f., Plur. =ten, *niedersächs.* pohrt, *engl.* port, *spr.* pohrt, *franz.* porte, e stumm, *lat.* porta, — poráre, Intensivum von einem nicht vorkommenden poráre, verwandt mit *griech.* Stamm porō = porizō (πόρω = πορίζω) (póros [πόρος] [von peirō (πείρω)] (péras [πέρας], Ende, Ziel, Grenze), von einem Ende bis zum andern durchdringen, =bohren, =stoßen, =fahren], Gang, Durch=, Ausgang, Oeffnung, Loch ɾc.), auf den Gang =, = Weg bringen ɾc.; — ein(e) (schließbare[r]) Einfahrt, =gang (besonders in einer Mauer, einem Wall, einer Hecke ɾc.].

Pfoste, f., **Pfosten**, m., Plur. in beiden Fällen **Pfosten**, *niedersächs.* posten, *franz.* poste, e stumm, *lat.* postis, ein Stütz= oder Tragbalken.

Pfründe, f., Plur. =den, *niedersächs.* präben, *mittellat.* praebenda (etwa pars, Theil), — *lat.* praebendus, a, um, part. fut. pass. von praebēro = praehibēre (prae, vor, =her, =aus; habēre, haben (f. b.), halten, besitzen, vorhalten, hin=, darreichen, überlassen, wer =, was dargereicht werden soll oder muß; — ein (aus einer geistlichen Stiftung) darzureichender =, zu gewährender Theil (als Unterhalt), die Einkünfte eines (geistlichen) Amtes.

Pfuhl, m., Plur. **Pfuhle**, *niedersächs.* po(h)l, *engl.* pool, *spr.* puhl, *lat.* palus, ein kleines stehendes Wasser.

Pfühl, m., Plur. **Pfühle**, *niedersächs.* pähl, — vom gleichbedeut. *lat.* pulvinus entlehnt; — eine Art Kissen (welches am Kopfende quer über das Unterbett gelegt wird).

Pfund, n., Plur. **Pfunde**, *niedersächs.* pund *(engl.* pound, *spr.* paund), *lat.* pondo, — jetzt. ist eigentlich seiner Bedeutung nach (vielleicht auch einmal in Wirklichkeit) abl. sing. von pondus, gen. ponderis, jetziger abl. pondere (von pendere, herabhangen lassen [besonders beim Wägen, daher] wägen), das Gewicht; pondo wird daher ursprünglich im Lat. auch in Verbindung mit libra (Pfund), uncia (Unze), gebraucht, z. B. libram =, unciam pondo (dem Gewichte nach, an Gewicht); wird pondo aber ohne die genannten Wörter gebraucht, was gewöhnlich geschieht, so hat es die Bedeutung von litra; — ein Gewicht (in verschiedenen Zeiten und Ländern von verschiedener Schwere, bei uns jetzt = 0,5 Kilogr.). Anm. Das gebräuchliche Pfundzeichen (ū) entstand aus der Abkürzung von libra (lbr. = lb.) oder vom gleichbedeut. *griech.* litra (ltr. = lt.).

Pfütze, f., *niedersächs.* pütz, — vom *franz.* puits = *lat.* putēus, ein Brunnen; — ehemals ein Brunnen (und ba das an dessen Rand beim Schöpfen verschüttete Wasser oft in kleinen Vertiefungen stehen blieb, später) ein kleines stehendes (schmutziges) Wasser, Wasserlache.

Pickelhäring, m., Plur. =ringe, — Pickel = Pökel, f. b.; Häring, f. b.; — ein Possenreißer.

Pilger, m., Plur. gleichlaut. (auch [wie im Engl., Dän. und Holländ.] Pilgrim), *franz.* pérégrin, *spr.* peregräng, *lat.* peregrinus, — peregrinus, u, um (peregre oder peregri [per, durch, hindurch ɾc.; ager, f. Acker], über Land, außer der Stadt, in der Fremde), fremd, ausländisch; — ein Fremder, Fremdling, Ausländer, Wanderer, Wallfahrer.

Pille, f., Plur. =len, *lat.* pilula, — jetzt. dimin. von pila, Ball, Kugel, besonders Seifenkugel; — ein Kügelchen (besonders als (bitteres) Arzneimittel, daher bildlich) eine bittere (scharfe) Bemerkung, eine Bitterkeit (im Ausdruck).

Pilz, m., Plur. **Pilze**, — vom *lat.* boletus, *griech.* bōlítēs (βωλίτης) (bōlos [βῶλος], Erdscholle, Klumpen), ein eßbarer Schwamm (Boletus edulis); — ein Schwamm.

Pinne, f., Plur. =nen, — vom *lat.* pinna, Feder, Spitze auf der Mauer, Zinne ɾc.; — ein kleiner, spitzer Nagel.

Pinsel, m., Plur.-gleichlaut., *lat.* penicillus, m., oder =cillum, n., — jetzt. dimin. von peniculus (und dieses wieder dimin. von penis, Schwanz), Schwänzchen, Bürste; — ein Geräth zum Malen, bestehend aus einem Büschel zusammengebundener Haare und einem Stiel (woran jenes befestigt ist).

Pistole, f., Plur. =len, *franz. spr.* pistohl, — von unsicherer Herkunft;

nach Einigen von piastruolo, dimin. von *ital.* piastra (verwandt mit emplastrum, f. Pflaster); nach Andern von der italienischen Stadt Pistoja (angeblich dem ersten Prägeort), ursprünglich eine Metallplatte, darnach eine Münze von verschiedenem Werthe; — eine Goldmünze = 15 Mark.

Pistole, f., oder **Pistol**, n., Plur. -stolen, *franz.* pistolet, spr. -leh, — von unsicherer Ableitung; nach Einigen von Pistoja, einer Stadt in Italien (angeblich dem ersten Verfertigungsorte); nach Andern vom *lat.* pistillum (pistum, 1. supin. von pinsere, zerstoßen, zerstampfen), Stempel zum Stampfen, Mörserkeule (nach der ursprünglichen Aehnlichkeit der bezügl. Waffe mit einer solchen); — ein kurzes Schießgewehr.

Plage, f., Plur. -gen, — vom *lat.* plaga, *griech.* plēgḗ (πληγή) (von pléssō [πλέσσω], schlagen, verwunden), Schlag, Streich, Hieb, Wunde; — ein Uebel zur Erzwingung des verweigerten Gehorsams, eine Qual.

Plan, m., Plur. Plane, — *lat.* planus, a, um, platt, eben, flach, ohne Umstände, -Schwierigkeit, deutlich, verständlich, faßlich; — Ebene, Fläche, Flachland, Blachfeld. **Plan**, m., Plur. Pläne, der (auf einer Ebene, Fläche etc. entworfene) Grundriß, Riß (eines Gebäudes etc.), Entwurf, Vorhaben, Absicht.

Planke, f., Plur. -ken, *lat.* planca, — verwandt mit *lat.* palanga, phalanga, plur. phalangae, *griech.* phálaggai (φάλαγγαι), runde Balken, Stangen; — ein dickes Brett, Bohle und eine daraus gemachte dichte Wand im Freien (zur Einfriedigung eines Hofplatzes, Gartens etc.).

Platt, — verwandt mit *griech.* platýs, eia, ý (πλατύς, εια, ύ) (womit auch *lat.* latus, a, um, breit, zusammenhängt), breit, weit, eben, flach; — flach, eben. **Platane**, f., Plur. -nen, eine Brodfruchtbaumart (mit breiten Blättern und weit ausgebreiteten Aesten).

Plüsch, m., *franz.* peluche, spr. p'lühsch, — vom *franz.* pelu, ue, spr. p'lüh (vom *lat.* pilus, Haar), mit Haaren bewachsen, haarig; — ein langhaariges, sammetartiges Gewebe.

Pöbel, m., — vom *franz.* peuple, spr. pöpel, *lat.* pópulus (kurzes o), Volk, die Gesammtheit aller (freien) Bürger eines Staates (besonders Roms), Völkerschaft, Menge -, Haufen Menschen (im Franz. gleich dem Deutschen); — das niedere Volk, der gemeine -, rohe Haufe.

Pöhel, m., *engl.* pickle, *holländ.* pekel, *niedersächs.* päkel, päk, — die ursprüngliche Form pekel weist hin auf *holländ.* pek (*lat.* pix, f. Pech), Pech; daher *niedersächs.* päk = dichte -, eng zusammengepreßte Lage; inpäken, eng zusammenlegen (gleichsam einpechen, -pichen); — Salzbrühe zum Einsalzen.

Pol, m., Plur. Pole, *franz.* pôle, *engl.* pole, spr. beides pohl, *span.* und *ital.* polo, *lat.* polus, *griech.* polos (πόλος), — von pélō (πέλω), bewegen, regen, werfen, erschüttern, drehen, wenden; — einer der beiden Punkte einer Achse, um welche sich eine Kugel dreht.

Polei, m., *ital.* puleggio, spr. -letscho, *lat.* pulegium, *griech.* bléchōn (βλήχων), — wegen des entsprechenden deutschen Namens (Flöhkraut) bringt man pulegium in Zusammenhang mit *lat.* pulex, gen. pulicis, Floh, was aber etymologisch nicht gerechtfertigt ist; — Flöhkraut (Mentho pulegium; jetzt wird pulicaria vulgaris, Flöhkraut genannt; der Grund zu der deutschen Benennung war in beiden Fällen die Meinung, daß man mit der betreffenden Pflanze Flöhe vertreiben könne).

Polizei, f., *franz.* police, spr. -lihs, — vom *griech.* politeia (πολιτεία) (polites [πολίτης] [pólis (πόλις), Stadt, Staat], Bürger), das Bürgersein, Stand -, Rechte -, Leben eines Bürgers, Theilnahme an der Staatsverwaltung, die Staatsverfassung, -regierung; — die (obrigkeitliche) Handhabung der (öffentlichen) Ordnung unter Bürgern (eines Ortes, einer Stadt, eines Staates).

Porre, m., *franz.* porrée, *lat.* porrum (verwandt mit gleichbedeut. *griech.* práson [πράσον]), eine Lauchart.

Port, m., Plur. Porte, *franz.* und *engl.* port, erst. spr. pohr, letzt. pohrt, *lat.* portus, — gleicher Abstammung mit porta, s. Pforte; — Hafen (besonders im bildlichen Sinne, daher für) Schutzort, -platz.

Porzellan, n., *ital.* porcellána, — letzt. bezeichnet auch eine gewisse Seemuschel (Cytherea Dione) mit deren Schale die Porzellanmasse Aehnlichkeit hat und dürfte aus *lat.* porcus (weibliche Form [auch *ital.*] porca, Sau), Schwein, weibliche Scham (wegen einer Formähnlichkeit) entstanden sein; — eine gebrannte Thonmasse.

Posaune, f., Plur. -nen, — verderbt aus *lat.* bucina, *griech.* hykánē (βυκάνη) (bўzō [βύζω] [bўō (βύω), vollstopfen, -füllen], anfüllen, einen vollen Ton geben), ein Hirten-, Waldhorn; — ein voll-, tieftöniges Blaseinstrument (mit einem auf- und abziehbaren Rohr).

Post, f., Plur. Posten, *engl.* spr. pohst, *franz.* poste, e stumm, *portug.* span. und *ital.* posta, — vom *lat.* positus, a, um, part. perf. pass. von ponere, setzen, legen, stellen, anlegen, -wenden, geben; — die Anstalt zur Beförderung von Personen und Sachen (zu einem festgesetzten Preise) mittelst Fuhrwerk oder bloß mittelst Saumthiere. **Posten,** m., eine festgestellte (besonders für etwas ausgesetzte -, in Rechnung gestellte) Summe Geldes, auch der Ort -, der Platz -, die Stelle, an den (die) Jemand zu einem bestimmten Zwecke (besonders zur Wache) gestellt ist, die hingestellte Person selbst (Schildwache) und ein Amt (in welches Jemand gestellt wird).

Praser, m., *franz.* und *engl.* prase, erst. spr. prahs, letzt. prähs, *lat.* prasius, — prasius, a, um, *griech.* prásios oder prásinos, on (πράσιος oder πράσινος, ον) (práson [πράσον], Lauch), lauchähnlich, -farbig, -grün; — ein lauchgrüner Edelstein.

Predigen, — vom *lat.* praedicare (prae, vor, vorher, -aus, -an; dicăre, Nebenform von dicere) (verwandt mit *griech.* deiknymi [δείκνυμι] [Stamm deikō (δείχω)], zeigen, zum Vorschein bringen), (durch Worte) kund machen, anzeigen, sprechen, sagen, vorbringen, -tragen, ankündigen, befehlen, reden rc.; — von einer Kanzel herab reden, -sprechen, Kanzelvorträge halten.

Preis, m., Plur. Preise, *lat.* pretium, der (in Geld ausgedrückte) Werth, die (kundgemachte -, öffentlich ausgeschriebene) Belohnung (besonders für bestimmte Leistungen).

Prenten, *engl.* print, *altfranz.* preindre, — vom *lat.* prémere, drücken, bedrängen rc.; — ursprünglich (Bücher) drucken, daher in Druckbuchstaben schreiben. **Prente,** f., ein Gebäck mit eingedrückten Figuren.

Presse, f., Plur. -sen, *franz.* spr. preß, — von *lat.* pressum, 1. supin. (pressus, a, um, part. perf. pass.) von premere, s. prenten; — ein Werkzeug -, Geräth zum Drucken, auch das Gedruckte, das ganze Druckthum, besonders die Gesammtheit der Zeitschriften.

Priester, m., Plur. gleichlaut., — vom *lat.* présbyter, *griech.* presbýteros (presbýteros, a, on [πρεσβύτερος, α, ον], compar. von présbys, eia, y [πρέσβυς, εια, υ], alt), der Aeltere, Aelteste; — ein (opfernder) Geistlicher.

Primel, f., Plur. -meln, *neulat.* primula, — primulus, a, um, *lat.*, dimin. von primus, a, um, superl. vom ungebräuchlichen pris, vorher, Ordnungszahl zu unus, a, um, ein (er, e, es); — die erste (Frühlings-) Schlüsselblume.

Prinz, m., Plur. Prinzen, *franz.* und *engl.* prince, erst. spr. prängs, letzt. prins, — vom *lat.* princeps, gen. príncipis (entstanden aus primus, s. Primel, und capere, s. Kappe), eigentlich der zuerst Nehmende, die erste Stelle Einnehmende, der Erste (nach Zeit, Ordnung, Rang), Vornehmste rc.; — der Sohn eines Fürsten (Kaisers, Königs, Herzogs rc.). **Prinzeß(in),** f., die weibliche Form zu Prinz.

Prise, f., Plur. -sen, *franz.* spr. prihs, — pris, prise, erst. spr. priß, part. perf. von prendre, spr. prangder = *lat.* préndere, fassen, anfassen, -greifen, -packen, ergreifen, nehmen, ertappen, verhaften; — das Genommene, eine kleine (mit zwei oder drei Fingern genommene) Portion Schnupftaback, eine (im Kriege genommene) Beute (besonders ein Schiff), überhaupt ein Fang.

Proben, *lat.* probáre, — *lat.* probus, a, um, was so ist, wie es sein soll, gut, tüchtig; — sehen, ob etwas gut =, tüchtig ist, beurtheilen, unter=, versuchen, prüfen. **Probe,** f., Plur. =ben, *lat.* proba, Beurtheilung, Untersuchung, Versuch, Prüfung.

Propst, m., Gen. =stes, Plur. **Pröpste,** — vom *lat.* praepositus (praepositus, a, um, part. perf. pass. von praepónere (prae, vor, vergl. predigen; pónere, setzen, vergl. Post), vor=, voraussetzen, =stellen, besonders über etwas =, Jemand (als Aufseher) setzen; — Vorgesetzter =, Vorsteher (eines Klosters, geistlichen Stiftes, kirchlichen Kreises oder Bezirks), Obergeistlicher, geistlicher Oberer.

Prüfen, nach Ableitung und Bedeutung = proben, s. d.

Puder, m., *franz.* poudre, — vom *lat.* pulvis, s. Pulver; — feiner Staub, feines Mehl, welches zum Bestreuen der Haare dient.

Pulle, f., Plur. =len, — vielleicht von *lat.* ampulla, dimin. von ámphora, *griech.* amphoreús (ἀμφορεύς) (abgekürzt aus amphiphoreús [ἀμφιφορεύς] [ámphō (ἄμφω), beide; phérō (φέρω), tragen, davontragen, fortschaffen], ein größeres, an beiden Seiten getragenes (also zweihenkliges) Gefäß, ein Weinkrug =, ein Gefäß mit zwei Henkeln (besonders für Wein), das dimin. auch Flasche; — ein Fläschchen (für Branntwein).

Puls, m., Plur. **Pulsen,** *lat.* pulsus, — pulsus, a, um, part. perf. pass. (pulsum, 1. supin.) von pellere (verwandt mit *griech.* pélein [πέλειν], bewegen), stoßen, schlagen, stampfen, klopfen; — eigentlich das Stoßen, Schlagen, der Stoß, Schlag, jetzt besonders der Aderschlag, d. i. die durch Zusammenziehung und Erweiterung des Herzens bewirkte klopfende Bewegung des Blutes in den Schlagadern (besonders an einer leicht fühlbaren und sichtbaren Stelle über der Handwurzel).

Pult, n., Plur. **Pulte,** — vom *lat.* pulpitum, eine aus Brettern schräg errichtete, sich allmählich erhebende Erhöhung, ein Brettergerüst (zum Lesen 2c.); — ein Tisch mit schräger Platte (zum Lesen, Schreiben 2c.).

Pulver, n., *lat.* pulvis (*franz.* poudre, spr. puder), Staub.

Pumpernickel, m., — angeblich aber unwahrscheinlich aus „bon pour Nickel", „gut für Nickel" (letzt. entweder Namens eines Bedienten oder Pferdes), der Aeußerung eines Franzosen über das erste Schwarzbrod, welches er in Deutschland aß; — eine Art grobes Brod, darnach jetzt ein ähnlich aussehendes Gebäck.

Punkt, m., Plur. **Punkte,** *lat.* punctum, n., — punctus, a, um, part. perf. pass. von púngere, stechen, eindringen; — eigentlich das Gestochene, der Stich, ein kleines Loch (besonders wie es beim Schreiben mit dem Griffel in Wachstafeln gemacht wurde), jetzt ein Tüttel, Tüpfel (in der Grammatik ein Satzschluß= oder ein Abkürzungszeichen, in der Mathematik ein Multiplikationszeichen), außerdem ein bestimmter Abschnitt =, Gegenstand einer Rede, ein Umstand, Stück, Theil, Hinsicht, Betreff.

Punsch, m., *engl.* punch, spr. pöntsch (*franz.* ponche, spr. pongsch), — soll vom *indisch* panscha, *sanskr.* pançau, fünf, entstanden sein (weil das betreffende Getränk ursprünglich aus 5 Bestandtheilen [Arak, Wasser, Thee, Zitrone, Zucker] zusammengesetzt war); — ein (jetzt aus 4 Stoffen [einem geistigen Getränk, Wasser, Zucker und einer Säure] zusammengesetztes) Getränk.

Puppe, f., Plur. =pen, *lat.* pupa — pupa (weibliche Form von pupus, Knabe, Kind) heißt eigentlich ein Mädchen; — eine kleine menschliche Figur (als Spielzeug für kleine Mädchen) und (nach der Aehnlichkeit mit einer Wickelpuppe), ein Insekt auf seiner dritten Verwandlungsstufe, darnach überhaupt manche ähnlich (zilinderförmig) zusammengewickelte =, = gerollte Dinge (z. B. Tabacksblätter).

Purpur, m., *franz.* pourpre, spr. purper, *lat.* púrpura, *griech.* porphýra (πορφυρα), eine schöne hochrothe Farbe (ehemals aus dem Saft einer im Lat. und Griech. gleichbenannten Schnecke, jetzt aus der echten Koschenillelaus [Coccus cacti] bereitet).

Pustel, f., Plur. =steln, *lat.* pustula, Blase, Bläschen, Blatter=, Hitz=, Eiterbläschen.

Q.

Quartier, n., Plur. =tiere, *franz.* spr. kartjeh, — vom *lat.* quartus, a, um, Ordnungszahl von quatuor, *griech.* pésyres, téssares, téttares (*πέσυρες, τέσσαρες, τέτταρες*), *sanskr.* katvaras, vier; — ein Viertel (eines Maßes [besonders für Flüssigkeiten], einer Stadt), ein (vorübergehender) Aufenthalts=, Wohnort, (angewiesene) Wohnung, (zeitweiliges) Unterkommen, Einlager (der Soldaten), Herberge.

Quendel, m., Plur. gleichlaut., *mittellat.* quénula, *althochd.* quenila, *lat.* cu= oder conila, *griech.* konilē (*κονίλη*), eine zu den Lippenblumen gehörige Pflanze (jetzt Feldthymian [Thymus serpyllum]).

Quit oder **quitt**, *franz.* quitte, spr. kitt, *span.* quito, — vom *lat.* quiétus, a, um (quiēs, gen. quiétis, Ruhe, Friede), ruhig; — frei, los, ledig (besonders von der Verbindlichkeit zu zahlen).

Quitte, f., Plur. =ten, — vom *lat.* cydonium (malum), *griech.* kydōnion (mēlon, Apfel) (*κυδώνιον* [*μῆλον*]) (*lat.* cydonius, a, um, *griech.* kydōnios, a, on [*κυδώνιος, α, ον*], die Stadt Cydonia, Kydōnia [*Κυδωνία*] auf der Insel Kreta betreffend, kydonisch), der kydonische Apfel; — ein zu der Familie der Apfelfrüchtler gehöriger Obstbaum (Cydonia vulgaris) und dessen Frucht.

R.

Rackete, f., **Racket**, n., Plur. bezw. =ten, =te, *franz.* raquette, spr. rakett, *span.* raqueta, *ital.* racchetta, spr. =tschetta, — vielleicht verwandt mit *lat.* rete, Netz; (Einige halten das Ital. für eine Nebenform von rocchetto, spr. =tschetto, Spindel; Andere denken an eine Lautnachahmung); — ein Ballnetz, Brandgeschoß, =steiger, ein in die Höhe steigendes Geschoß (beim Feuerwerk).

Rad, n., Plur. Räder, *lat.* rota, eine (dichte oder durchbrochene) Scheibe, welche sich um eine Achse dreht.

Radies, m., *franz.* radis, spr. =dih, *ital.* radice, — letzt. heißt wie der *lat.* Stamm rādix, gen. rādicis, eigentlich Wurzel; — eine Art Rettig, s. d.

Rampe, f., Plur. =pen, *span.* rampa, — *ital.* rampa (rampáre, klettern, kriechen, aufsteigen), Kralle, Klaue (zum Aufklettern); — ein sanft aufsteigender =, gelind abschüssiger Weg, eine An=, Auffahrt, auch eine Lampenreihe (vor der Bühne).

Ranunkel, m. oder f., Plur. im erst. Falle gleichlaut., im letzt. =keln, *lat.* ranúnculus, — letzt. dimin. von rana, Frosch; — Froschkraut, Hahnenfuß (eine zur Ordnung der vielfrüchtigen Pflanzen gehörige Familie, Gattung und Art von Gewächsen).

Ranzig, *franz.* rance, spr. rangs, *engl.* rancid, ränssid, *lat.* rancidus, a, um, — rancére, stinkend sein; — von verdorbenem =, faulem Geschmack, = Geruch, altschmeckend, riechend, stinkend.

Rapunzel, f., Plur. =zeln, — jetzt rapunculus = rapulum (dimin. von rapa oder rapum (*griech.* rhápys [*ῥάπυς*], Rübe), voraus; — Name verschiedener Pflanzen (besonders der valerianella).

Rar, *franz.* und *engl.* rare, erst. spr. rahr, letzt. rähr, *lat.* rarus, a, um, eigentlich nicht dicht beisammen, dünn, daher selten, außerordentlich, ausgezeichnet, vortrefflich, kostbar.

Rathen, — vergl. *lat.* ·ratum, 1. supin. (ratus, a, um, part. perf.) von réri, s. reden; — über etwas urtheilen, namentlich einem Andern gegenüber darüber urtheilen, ihm sagen, was er in einem gegebenen Falle zu thun hat, ihm Verhaltungsregeln ertheilen, auch durch Urtheilen =, Nachdenken etwas herausbringen.

Ratte, f., Plur. =ten, *ital.* ratto, *neulat.* rattus, Herkunft unsicher; — eine zur Familie der Mäuse gehörige Thierart (Mus rattus).

Rauke, f., Plur. -ken, *ital.* ruca, *lat.* eruca, eine Pflanze (in den verschiedenen Sprachen eine verschiedene, bei uns jetzt sisymbrium).

Rausch-, **Roß-** (in Verbindung mit -gelb), — vom *ital.* rosso, a, *lat.* russus, a, um, roth; — röthlich, goldfarbig.

Raute, f., Plur. -ten, *lat.* ruta, *griech.* rhytē oder rhytē (ῥυτή oder ῥύτη), ein zu der nach ihr benannten Pflanzenfamilie gehöriges Gewächs.

Reden, — verwandt mit *lat.* rēri (*griech.* reein [ῥέειν], reden), meinen, glauben, dafürhalten, urtheilen; — seine Meinung geordnet in einem längeren Vortrage aussprechen.

Refier = Revier, f. d.

Regel, f., Plur. -geln, *franz.* régle, spr. -gel, *lat.* régula, — von régere, f. u.; — Richtscheit, -schnur, Vorschrift, Grundsatz, Ordnung, Herkommen, Gewohnheit. **Regieren**, *lat.* régere, ursprünglich gerade -, gestreckt richten, daher lenken, leiten, einrichten, bestimmen, herrschen, beherrschen, verwalten.

Reis, m., *engl.* rice, spr. reißs, *franz.* riz, spr. riß, *lat.* oryza, *griech.* óryza (ὄρυζα), *arab.* irus, *sanskr.* vrihi (vrih, wachsen), ein zur Familie der Gräser gehöriges Gewächs.

Rente, f., *franz.* spr. rangt, — rendre, *franz.*, spr. rangber (vom *lat.* réddere [red = re (in Zusammensetzungen), zurück, entgegen, wi(e)der, nochmals ꝛc.; dare, geben], zurück-, wiedergeben, -zustellen, -einhändigen, -bezahlen), zurück-, wiedergeben, -herstellen, -schenken, ab-, über-, heraus-, an-, aufgeben, eintragen ꝛc.; — ein (bestimmtes jährliches) Einkommen von etwas (Grundstück, Gebäuden, Kapital), Pacht, Zins.

Reft, m., Plur. Refte, *franz.* reste, Schluß-e stumm, *span.* und *ital.* resto, — vom *franz.* rester, spr. -steh, *span.* restár, *ital.* und *lat.* restáre (re, f. Rente; stare, stehen, verweilen, sich aufhalten), zurück-, nach-, übrigbleiben, rückständig -, schuldig bleiben, -sein; — das Zurück-, Uebriggebliebene, Rückständige, Ueberbleibsel, (in der Arithmetik) die durch Subtraktion gesuchte, d. i. diejenige Zahl, welche übrigbleibt, wenn man eine gegebene Zahl von einer andern gegebenen wegnimmt.

Rettig, m., Plur. -tige, — gleicher Ableitung mit Rabies, f. d.; — eine zur Familie der Kreuzblüther gehörige Pflanze, deren dicke, fleischige Wurzel roh gegessen wird.

Revier, n., Plur. -viere, *mittelhochd.* rivier oder riviere, — vom *altfranz.* riviere, *ital.* riviera (vom gleichbedeut. *mittellat.* riparia [terra, Land] [*lat.* riparius, a, um (ripa, Ufer), das Ufer betreffend]), Ufer(-land) und (vielleicht unter Einfluß des *lat.* rivus) Fluß, welche Bedeutung dem *neufranz.* rivière, spr. riwjähr, fast ausschließlich verblieben; — Landstrich, Gegend, Bezirk.

Ribefel oder **Rübfel**, m., — vom gleichbedeut. *neulat.* ribes (vom *arab.* ribás, eine Pflanze mit sauer schmeckenden Früchten); — (im Oesterreichischen) die Johannisbeere.

Riemen, m., Plur. gleichlaut., *niedersächs.* rehm, *lat.* remus, *griech.* eretmós (ἐρετμός), — eressō (ἐρέσσω), rudern; — Ruder.

Rose, f., Plur. -sen, *franz.* spr. rohs, *lat.* rosa, *griech.* rhodon (ῥόδον), eine bekannte Blume.

Rosine, f., Plur. -nen, *franz.* spr. -sihn, — raisin, *franz.*, spr. räseng, racémus, *lat.*, Weintraube, -beere; — (an der Sonne oder im Ofen) getrocknete Weintrauben.

Rosmarin, m., Plur. -rine, *lat.* rosmarinus = ros marinus, — ros (o lang), *griech.* drósos (δρόσος), Thau; marinus, a, um (mare, f. Meer), das Meer betreffend, dahin gehörig; — (Meerthau), eine zur Familie der Lippenblumen gehörige Pflanze.

Rost, m., — verwandt mit gleichbedeut. *lat.* ro- oder rubigo (robus = rubus = rufus, a, um, roth); — oxydirtes Eisen und was dem ähnlich ist.

Rotte, f., Plur. -ten, *mittellat.* rupta (pars, Theil), — vom *lat.* ruptus, a, um, part. perf. pass. (ruptum, 1. supin.) von rúmpere, zerreißen, -sprengen,

**brechen, trennen; — eigentlich ein Bruch(-theil), ein Trupp, ein zu strafbaren Zwecken (besonders zur Verübung roher Gewaltthätigkeiten) zusammengelaufener Menschen-, Gesindelhaufen.

Rubel, m., Plur. gleichlaut., *russ.* ruble, — nach Einigen vom *russ.* rubitz, schneiben, hauen, wonach das Wort ursprünglich ein abgehauenes Stück (Silberstange, -barren) bezeichnen würde; nach Andern vom *arab.* rub (arba, vier), ein Viertel einer türkischen Münze; — eine russische Silber- und Papiermünze (bezw. = 3,60 und 0,90 Mark).

Rübe, f., Plur. -ben, *niederd.* röhw, *franz.* rave, c stumm, *ital.* rapa, *lat.* rapum (seltener rapa), *griech.* rhápys (ῥάπυς), eine zur Familie der Melden gehörige Pflanze.

Rund, *franz.* rond, ronde, spr. rong, rongd, *lat.* rotundus, a, um, — von rota, Rad (vergl. b.); — rad-, kreis-, walzen-, kugelförmig.

Ruthe, f., Plur. -then, *lat.* rudis, ein bünner Zweig.

S.

Saat, f., — satus, a, um, part. perf. pass. (satum, 1. supin.) vom *lat.* sérere, säen; — das Gesäete, Zusäende, Säen.

Säbel, m., Plur. gleichlaut., *ital.* sciabola ober sciabla, *venez.* sabala, *franz.* (und *engl.*) sabre, spr. -ber, (säbber) *russ.*, *serb.* sabla, sablja, *poln.* szabla, — nach Einigen vom *mittelgriech.* zabos (ζαβός), krumm; — eine Hiebwaffe mit (rückwärts) gekrümmter Klinge.

Sack, m., Plur. Säcke, *engl.* spr. säck, *franz.* (und *poln.*) sac, *span.* und *portug.* saco, *ital.* sacco, *lat.* sáccus, *griech.* sákkos (σάκκος), (*äthiop.* und) *hebr.* sak, ein (jetzt meistens aus grober, starker Leinewand verfertigtes) zur Fortschaffung von Waaren (meistens Feldfrüchten) benutztes Behältniß, welches leer ausgebreitet ein Rechteck bildet und gefüllt einer Walze gleicht.

Säckel, m., Plur. gleichlaut., *lat.* sácculus, — Diminutivform bezw. von Sack und saccus, s. Sack; — ein kleiner Sack (zur Aufbewahrung von Geld), ein Geldbeutel.

Saft, m., Plur. Säfte, *niedersächs.* sapp, *engl.* sap, spr. säpp, — *lat.* sapa, Most; — die in organischen Körpern (besonders in Pflanzen) zirkulirende (zusammengesetzte) (und eine ähnliche) Flüssigkeit.

Saite, f., Plur. -ten, — *lat.* seta, jedes starke Haar, Borste, Angelschnur; — ein starker Faden, - Draht für musikalische Instrumente.

Salat, m., *engl.* salad, spr. sälläb, *franz.* salade, c stumm, *span.* ensalada, *ital.* insalata, — insalato, a, part. perf. von insaláre (in, *ital.* und *lat.*, in, an, auf ꝛc.; salare [*ital.* sale, *lat.* sal, s. Salz], salzen), einsalzen; — eine mit Salz (und mit anderen Gewürzen, namentlich auch mit Essig und Oel) zubereitete Speise und ein dazu vorzugsweise verwendetes zu den Korbblüthern gehöriges Kraut.

Salbei, -vei, f., *ital.* und *lat.* salvia, — salvus, a, um, *griech.* sáos, ē, on (σάος, η, ον), zusammengezogen in sōs (σῶς), unverletzt, unbeschädigt, gerettet, sicher, wohlbehalten; — eine zu den Lippenblumen gehörige Staude (Sálvia officinális), deren wohlriechende Blätter in Küche und Apotheke Verwendung finden.

Salm, m., Plur. Salme, *lat.* salmo, Lachs.

Salmiak, m., *lat.* sal amoniácus, — sal, s. Salz; ammoniácus, a, um, *griech.* -kós, ḗ, ón (ἀμμονικός, ή, όν) (*lat.* Ammon, *griech.* -mōn [Ἄμμων] [ammos = psammos (ἄμμος = ψάμμος), Sand], ursprünglich vielleicht eine ägyptische Gottheit, später ein Beiname des Zeus oder Jupiter, der auf einer Oase in der lybischen Wüste einen Tempel hatte; — ein bestimmtes Salz (salzsaures Ammoniak).

Salpeter, m., *franz.* salpêtre, *spr.* ‑pähter, *neulat.* salpetrae, — sal, f. Salz; petrae, gen. sing. vom *lat.* petra (*griech.* πέτρα), Stein, Fels; — wörtlich Stein‑, Felssalz (so genannt, weil es an Gesteinen, Mauern, Wänden ausschießt), jetzt salpetersaures Kali.

Salse, f., Plur. ‑sen, *ital.* salsa, — salsus, a, um, part. perf. pass. vom *lat.* salláre oder saláre (sal, f. Salz), salzen; — die salzige Tunke, ‑Brühe.

Salve, f., Plur. ‑ven, — vom *lat.* salve (imper. sing. von salvére [salvus, a, um, f. Salbei], gesund sein, wohl befinden), sei gesund, ‑ glücklich, ‑ gegrüßt, lebe wohl ꝛc.; — das gleichzeitige Abfeuern von mehreren Gewehren (ursprünglich zur Begrüßung, später auch zu anderen Zwecken).

Salz, n., Plur. ‑ze, *lat.* sal, *griech.* hals (ἅλς), — letzt. heißt auch Meer; — ein in Wasser lösliches (im Meer aufgelöstes) Mineral von einem scharfen Geschmack, (in der Chemie) die Verbindung einer Säure mit einer Base.

Samen, m., *lat.* semen, — vergl. säen; Alles was gesäet wird und woraus sich eine neue Pflanze (und überhaupt ein neues organisches Wesen) entwickelt.

Sämisch, sehmisch oder semisch, — nach Einigen von *türk.* semiz, Fett; nach Andern vom *ital.* saime, *span.* sain, *provenz.* saïn oder sagin, *lat.* sagina, Fett; — in Fett weich bearbeitet(es Leder).

Sams(tag), m., — zusammengezogen aus Sabbaths(tag) (sabs‑, sambs‑, sams‑) (sabbath, *hebr.* schabbáth [von schabáth, feiern, von der Arbeit ruhen], Feier‑, Ruhetag; — Sonnabend (der Feiertag der Juden).

Sanikel, m., *neulat.* sanicula, — vom *lat.* sanus, a, um, gesund, heil; — eine (ehedem bei Landleuten als Heilmittel gegen alle Schäden viel gebrauchte) Schirmpflanze.

Sar(r)as(s), m., Plur. Sa(r)ra(s)se, — von unermittelter Herkunft; versuchte Ableitungen sind vom *lat.* Saracenus (vom *arab.* scharki [scharakn, aufgehen], östlich), Morgenländer, Sarazene, und vom *griech.* sárissa (σάρισσα), eine makedonische Lanze; — ein großer Säbel (Sarazenen‑, Lanzenschwert?).

Sardelle, f., Plur. ‑len, *ital.* sardella, **Sardine**, f., Plur. ‑nen, *franz.* spr. ‑dihn, *span.*, *ital.* und *lat.* sardina, *griech.* sardínē (σαρδίνη), — nach der Insel Sardinien (*lat.* Sardinia, *griech.* Sárdō [Σαρδώ]), dem ursprünglichen Bezugsort, benannt; — eine Art Häringe (Clupea sardina) im Mittelmeere (und jetzt besonders an der Küste der Bretagne).

Sarder, m., *lat.* sarda, *griech.* sárdion (oder sárdios [lithos, Stein] [σάρδιον oder σάρδιος (λίθος)], — sárdios, a, ón (Sardeis [Σάρδεις], Sardes [die alte Hauptstadt Lydiens]), die Stadt Sardes betreffend; — ein Edelstein.

Sarsche, f., *ital.* und *mittellat.* sargia, *franz.* serge, *spr.* sersch, — vom *lat.* sericus, a, um, *griech.* sērikós, ḗ, ón (σηρικός, ή, όν) (vom *lat.* Ser, *griech.* Sēr [Σηρ], Serer) (eine asiatische Nation des Alterthums, welche durch die Bereitung seidenartiger Stoffe berühmt war); — ein (mit Seide vermischtes) gekepertes Wollenzeug.

Satan, m., gleichlaut. im *lat.*, auch (wie im *griech.* [σατανᾶς]) satanas, *hebr.* sâtan, *hebr.* sátán, *arab.* schatana, widerspenstig sein; — Widersacher, Feind, (Ober‑) Teufel (f. b.), Oberhaupt der gefallenen Engel und bösen (unsaubern) Geister, Höllenfürst.

Satt, — vom *lat.* sat oder satis, genug, genügend, hinreichend; — genug, genug genossen, ‑ gegessen, den Hunger gestillt.

Saturei oder **Satrei**, f., *lat.* saturēja, — satura (lanx, Schüssel, Schale) (satur, ura, urum [sat, f. satt], satt, fett, mannigfach, reichhaltig), eine Schüssel mit verschiedenen Früchten gefüllt, ein Gemengsel, Gemisch; — ein zur Familie der Lippenblümler gehöriges vielästiges, wohlriechendes Küchengewächs.

Saugen, *niedersächs.* sugen, *lat.* sugere, eine Flüssigkeit aus einem Körper mit dem Munde einziehen.

Saum, m., Plur. Säume, *ital.* soma, salma, *lat.* und *griech.* ságma (letzt. [σάγμα] spr. sanma), — sáttō (σάττω), bedecken, beladen, bepacken; — das was dem Pferde ‑, Esel ‑, Maulthiere aufgepackt wird, Decke, Sattel, Last.

Schaben, — vom *lat.* scabere (*griech.* skaptein [σκάπτειν], graben), kratzen, ab-, auskratzen, reiben; — mittelst eines scharfen Gegenstandes abkratzen.

Schachmatt, *pers.* shāh māt. — shāh, König, Königsspiel; māt, überwunden, besiegt, eingesperrt, todt; — erschöpft, abgemattet.

Schachern, — vom *hebr.* sachar, umherziehen (besonders um zu handeln); — einen Hausir-, Trödelhandel betreiben.

Schächten, — vom *hebr.* schachát, schlachten; — nach jüdischem Ritus ein Thier schlachten und dabei dessen innere Beschaffenheit untersuchen. **Schächter**, m., der jüdische Religionsdiener, welcher schächtet.

Schahl, m., Plur. Schahle, *engl.* shawl, spr. schahl, — vom *pers.* schāl, feines Wollenzeug; — ein längliches (ursprünglich wollenes, jetzt auch seidenes ꝛc.) Leib-, Umschlagtuch für Damen (welches eng angezogen getragen wird).

Schalmei, f., Plur. -meien, *franz.* chalumeau, spr. schalümoh, — vom *lat.* calamus, f. Halm; — eine (aus Rohr verfertigte) Hirtenpfeife.

Schalotte, f., Plur. -ten, *franz.* échalotte; *ital.* scalogno, spr. -lonjo, *span.* escalona, — nach der palästinensischen Stadt Askalon benannt; — eine Lauchart, Esch-, Aschlauch (Allium ascalonicum).

Schaluppe, s. Schlupe.

Schämel, s. Schemel.

Schanker, m., *franz.* chancre, spr. schangker, *lat.* cancer, *griech.* karkinos (καρκίνος), Krebs (eine ansteckende, ekelhafte Krankheit) (im Lat. und Griech. auch ein Thier und Gestirn).

Schappel, **Schäppel**, n, Plur. gleichlaut., *altfranz.* chapel (*neufranz.* chapelet, spr. schapeleh), — vom *lat.* capere, f. Kappe; — ein Kranz mit Goldflittern, Rosenkranz.

Scharlach, m., *ital.* scarlatto, *span.* escarlate, *franz.* écarlate, Schluß-e stumm, *mittellat.* scarlatum, *pers.* scarlat, ein brennendes Roth, ein Tuch von dieser Farbe.

Scharnier, n., Plur. -niere, *franz.* charnière, spr. scharnjähr, — vom *franz.* carne, spr. karn (vom *lat.* cardo, Thürangel, Dreh-, Wende-, Hauptpunkt), der äußere Winkel, die Ecke, Kante (*altfranz.* auch gleichbedeut. mit cardo); — Gelenk, Gewinde, wodurch zwei Theile mittelst einer gemeinsamen Achse so mit einander verbunden werden, daß sie sich beide um dieselbe drehen können.

Schaffen, *franz.* chasser, spr. schasseh, *ital.* cacciáre, spr. katschare, — die Wurzel ist das *lat.* capere, f. Kappe, aus dessen 1. supin. (captum) das Intensivum captare (nach etwas greifen, -haschen, -schnappen, auf etwas Jagd machen, jagen) gebildet wurde, woraus die unklassische Form captiare und daraus wieder das *ital.* cacciare entstand; — weg-, fortjagen, an die Luft setzen ꝛc.

Schatulle, f., Plur. -tullen, — vom *ital.* scatola, Schachtel (diese beiden Wörter stehen in dem Verhältnisse der Ableitung, jedoch ist es noch zweifelhaft, welches von ihnen das Derivativ ist); — ein Schatz-, Geldkästchen (besonders ein zierliches Behältniß für die Privatgelder fürstlicher Personen, daher auch) Privateinnahmen, -gelder eines Fürsten, (in der Volkssprache) ein zur Aufbewahrung von Geld (und Kleidungsstücken und zugleich als Schreibtisch) dienendes Möbel.

Schemel, **Schämel**, m., Plur. gleichlaut., *althochd.* scemil, scamal, *angelsächs.* scamol, -mul, *lat.* scamulum, — letzt. dimin. von scamnum, eine Bank, ein Tritt; — eine kleine Bank, um (beim Sitzen) die Füße darauf zu setzen, ein Fußbänkchen.

Schlamm, m., — eine Nebenform von Schleim, f. b.; — eine dickflüssige, erdige Masse.

Schleim, m., *engl.* slime, spr. sleim, *niedersächs.* slihm, *angelsächs.* slim, — vom *lat.* limus, f. Leim; — eine dickflüssige, zähe Masse.

Schleuse, f., Plur. -sen, *niedersächs.* schlühs, (*engl.* sluice, spr. sluhs), *franz.* écluse, [pr. eklühs, *span.* esclusa, *mittellat.* slusa, exclusa, — exclusus, a, um, part. perf. pass. (exclusum, 1. supin.) vom *lat.* excludere (ex [*griech.* ek, vor einem Vokal ex (ἐκ, ἐξ)], aus ꝛc.; cludere, f. Klause), ausschließen, absondern; — eine bauliche Vorrichtung, fließendes Wasser beliebig abzusperren (auszuschließen) und durchzulassen.

Schlupe, Schaluppe, f., Plur. -pen, *franz.* chaloupe, [pr. schaluhp, *engl.* shallop, [pr. schällopp, oder sloop, [pr. sluhp, *holländ.* sloep, — Ableitung nicht ganz fest bestimmt; nach Einigen von *holländ.* schlup = schelp (verwandt mit *deutsch.* Schale), Muschelschale (Schifferspr. schell), Muschel, abgeleitet; — ein schnellsegelndes, zu einem großen Schiffe gehöriges Boot.

Schmacke, f., Plur. -chen, **Schmack,** m., Plur. -cke, *engl.* smack, [pr. smäck, *franz.* semaque, [pr. s(e)mahk, *holländ.* smak, — Herkunft unbekannt; — ein einmastiges (besonders für den Fischfang eingerichtetes) Fahrzeug.

Schmergel, Schmirgel, m., *ital.* smeriglio, *griech.* smíris oder smýris (σμίρις, σμύρις), ein zum Poliren dienendes Eisenerz.

Schnur, f., Plur. **Schnüre,** *niedersächs.* snohr, — verwandt mit *griech.* neuron (νεῦρον), Sehne, Flechse; — ein dünnes Seil.

Schnur, f., Plur. **Schnuren,** *ital.* nuora, *lat.* nurus, *griech.* nyós (νυός), Schwiegertochter (im Lat. und Griech. auch Braut).

Scholle, f., Plur. -len, *franz.* sole, [pr. sohl, *lat.* solea, — letzt. f. Sohle; — eine Familie, Gattung und Art der Kehlweichflosser.

Schole, m., *jüd.* schaute, — vom *hebr.* schoteh, dumm, einfältig; — Einfaltspinsel, Hanswurst, Narr.

Schreiben, *niedersächs.* schriem, *lat.* scribere (verwandt mit *griech.* gleichbedeut. graphein (γράφειν), sichtbare Lautzeichen -, Buchstaben machen, besonders durch eine Verbindung derselben seine Gedanken ausdrücken.

Schrein, m., Plur. **Schreine,** *engl.* scrine, [pr. strein, — vom *lat.* scrinium, eine zilinderförmige Kapsel zur Aufbewahrung von Papieren, Büchern, Salben ꝛc.; — Schrank, Kasten, Kiste.

Schule, f., Plur. -len, *niedersächs.* und *engl.* school, letzt. [pr. stuhl, *lat.* schola, *griech.* scholé (σχολή), — vom *griech.* scheō (σχέω), eine veraltete Form für échō (ἔχω), halten, haben, inne haben, besitzen, festhalten, erlangen, tragen; — (nach dem Griech. und Lat.) eigentlich das Anhalten -, die Ruhe von der Arbeit, Feier, Muße, besonders die den Wissenschaften gewidmete Zeit, darnach ein gelehrter Vortrag und der Ort, wo ein solcher gehalten wird, jetzt eine Lehr-, Unterrichtsanstalt.

Schüssel, f., Plur. -feln, *niedersächs.* schöttel, *engl.* scuttle, [pr. stöttel, *ital.* scodella, *lat.* scutella (letzt. dimin. von scutra), ein flaches Gefäß.

Schwadron oder -drone, f., Plur. -dronen, *franz.* escadron, [pr. -labrong, *ital.* squadrone, — escadre, *franz.*, [pr. -kader, *ital.* squadra (vom *lat.* quadrus, a, um [quatuor, vier], viereckig), ein in einem Viereck aufgestellter Haufe, ein Geschwader (f. d.); — eine Reiterschaar (der vierte Theil von einem Regiment).

Sechs, *lat.* sex, *griech.* hex (ἕξ), eine (zwischen 5 und 7 liegende) Zahl.

Sechter, m., *lat.* sextarius, — sex, f. sechs; — ein Sechstel (von einem Flüssigkeitsmaße), ein Maß.

Sekel, Sekel, m., *hebr.* schekel, — von schākāl, wägen; — Gewicht und Münze bei den alten Juden.

Sekel = Säckel, f. d.

Segen, m., — vom *lat.* signum, Zeichen (vergl. Siegel); — der (unter dem Zeichen des Kreuzes ausgesprochene) kirchliche Heilswunsch, ein feierlicher Glückwunsch, das (von Gott kommende) Glück.

Sehmisch = fämisch, f. d.

Seide, f., *althochd.* sida, *span.* und *provenz.* seda, *ital.* seta, — vom *lat.* seta serica (seta, jedes starke Haar, Borste; sericus, f. Sarsche), Seidenhaar, -strang; — das Gespinnst der Seidenraupe (Bombyx mori) und was daraus verfertigt wird.

Seife, f., Plur. -fen, *niedersächs.* seep, *holländ.* zeep, *engl.* sope oder soap, spr. sohp, *ital.* sapone, *lat.* sápo, gen. sapónis, *griech.* sápōn, gen. sapōnos (σάπων, gen. σάπωνος), ein durch Sieben von Fett in einer Lauge verfertigtes Fabrikat (welches sich in Wasser auflöst und zum Waschen gebraucht wird).

Sekunde, f., Plur. -den, — *lat.* secundus, a, um (von sequi, folgen, ver-, nachfolgen ꝛc.), der, die, das (auf das Erste) folgende, zweite; — ein zweiter (d. i. durch eine zweite Theilung entstandener) Theil, besonders (¹⁄₆₀) einer Minute (als zweite Theilung einer Stunde, deren erste Theilung die Minute ergiebt).

Sellerie, f., *franz.* céleri, — vom *lat.* selinum, *griech.* sélinon (σέλινον), Eppich; — ein zu den Schirmpflanzen gehöriges Küchengewächs (Apium graveolens).

Semisch = sämisch, s. d.

Semmel, m., Plur. gleichlaut., — vom *lat.* simila, feinstes Weizenmehl; — ein kleines Weizenbrod.

Send, f. oder m., — verdreht aus *lat.* synodus, *griech.* sýnodos (σύνοδος) (syn [συν] zugleich, zusammen, gemeinsam, sammt, allesammt, mit, nebst ꝛc.; hodós [ὁδός], Weg, Pfad, Gang, Straße), eigentlich der gemeinsame Weg, das Zusammengehen, -treffen, -kommen, die Zusammenkunft, Versammlung (besonders in Kirchenangelegenheiten); — ein geistliches Gericht.

Sendel, Zendel, Zindel, m., *ital.* zendalo oder -lo, — vielleicht vom *lat.* sindon, gen. sindonis, *griech.* sindṓn, gen. -dónos (σινδών, gen. -δόνος), ein feines indisches Gewebe; — eine Art Taffet.

Senf, m., *lat.* sinapis oder -pi, *griech.* sinēpi (σίνηπι), eine zu den Kreuzblüthern gehörige Pflanze.

September, m., *lat.* gleichlaut. (mit oder ohne mensis, Monat), — september, bris, bre (septem, s. sieben), der, die, das siebente; — früher der siebente -, jetzt der neunte Monat im Jahre, der Herbstmonat.

Sesel, m., *lat.* und *griech.* séselis oder -li (σέσελις oder -λι), ein Doldengewächs.

Sester, m., = Sechter, s. d.

Sichel, f., Plur. -cheln, *lat.* (in Kampanien) secula, — von secáre, schneiden; — ein Schneidewerkzeug mit krummer Klinge (zum Schneiden der Feldfrüchte).

Sicher, *engl.* secure, spr. siljuhr, — vom *lat.* securus, a, um (se = sine, ohne; cura, Sorge, vergl. Kur), ohne Sorge, sorg-, furcht-, kummerlos, sorgenfrei, unbekümmert; — außer Gefahr, geborgen, gewiß.

Sieben, *niedersächs.* säben, *engl.* seven, spr. sewwen, *lat.* septem, *griech.* hepta (ἑπτά), *sanskr.* sapta, die auf 6 folgende Zahl.

Siegel, Insiegel, n, Plur. gleichlaut., *lat.* sigillum, — letzt. dimin. von signum, Zeichen, An-, Kenn-, Merkzeichen, Bild; — ein in eine (Stein-, Metall- ꝛc.) Platte eingegrabenes(r) Zeichen, Bild, Name, der Abdruck davon.

Silau, m., *lat.* silaus, ein Schirmblüther.

Silbe, f., Plur. -ben, *lat.* syllaba, *griech.* syllabḗ (συλλαβή), — syllambano (συλλαμβάνω) (syl = syn, zusammen vergl. Send; lambáno [λαμβάνω], nehmen, fassen, ergreifen, erwischen, ertappen, erfassen, packen, annehmen, empfangen, erlangen, erhalten ꝛc.), zusammennehmen, -fassen, -bringen, verstehen; — das Zusammenfassen, -fassende, -gefaßte, besonders eine Lautverbindung (zusammengefaßte Laute), welche mit Einer Mundöffnung ausgesprochen wird, ein mit Einem Stimmabsatze gesprochenes Wortglied.

Silge, f, — gleicher Ableitung mit Sellerie; — eine zu den Schirmblüthern gehörige Pflanze (Selinum carvifolium).

Simpel, *franz.* simple, spr. fängpel, *lat.* simplex, — sim (vergl. sym [συμ] = syn, f. Send) hat die Bedeutung von zusammen, einig, einheitlich ꝛc.; *lat.* plicare (verwandt mit *griech.* plékein [πλέκειν], flechten, drehen, zusammen-

Sirup — Spazieren.

legen, =wickeln, =falten; — gleichsam Einmal gefaltet, einfach (nicht zusammengesetzt), einfältig.

Sirup, m., *franz.* (und *engl.*) sirop, *ital.* siroppo (*neulat.* sýrupus), *span.* xarabe, spr. charabe, — vom *arab.* scharab (schariba, trinken), Trank, Wein, Kaffee; — ein (eingekochter, dicker, süßer) Pflanzen=, Fruchtsaft.

Sittich, m., Plur. =tiche, *lat.* psittacus, *griech.* psittakos oder (in weicherer Aussprache) sittakos (ψίττακος oder σίττακος) = Papagei, s. d.

Skalde, m., Plur. =den, *schwed.* skäld, — skald, heilig; — ein (heiliger) Dichter, Sänger bei den alten nordischen Völkern.

Sklave, m., Plur. =ven, — vom *mittellat.* Slavus, plur. Slavi (nach Einigen vom *slav.* slava oder slawa, ein Schlachten=, Jubelruf [= unserm Hurrah], auch Ruhm; nach Andern von slowo, Wort), ein (mit einem Jubel in die Schlacht gehender =, oder ein berühmter =, oder auch ein wortreicher =, beredter) Völkerstamm; — ein Mensch, über den ein anderer unbeschränktes Eigenthumsrecht besitzt, von dem er also durchaus abhängig ist.

Socke, f., Plur. =chen, *engl.* sock, *franz.* socque, spr. sock, — vom *lat.* soccus, ein niedriger, leichter Schuh; — eine Fußbekleidung, ein Strumpf mit kurzem Schaft.

Sockel, m., Plur. gleichlaut., *franz.* socle, spr. sokel, — vom *lat.* socculus, dimin. von soccus, s. Socke; — der Fuß, Untersatz einer Säule, = eines Standbildes, Denkmals rc.

Sohle, f., Plur. =len, *franz.* (und *engl.*) sole, spr. sohl, *lat.* solea, der unterste Theil des Fußes und einer Fußbekleidung, auch die Grundfläche von manchen anderen Dingen (eines Flusses rc.).

Sold, m., *franz.* solde, e stumm, *ital.* soldo, — vom *lat.* soldus oder solidus (nummus, Geld, Münze) (solidus, a, um, dicht, derb, fest, hart, völlig, vollständig, ganz, bauerhaft rc.), eine Goldmünze, etwa ein Dukaten; — Lohn =, Bezahlung für geleistete (besonders Kriegs=) Dienste. **Soldat,** m., *franz.* spr. =dah, *ital.* soldáto, *mittellat.* soldátus, ein (um Sold dienender) Krieger, = Kriegsmann.

Söller, m., *lat.* solárium, — solárius, a, um (sol, die Sonne), zur Sonne gehörig; — ein (der Sonne ausgesetzter) Erker, ein Zimmer in dem obern Stockwerk eines Hauses.

Soole, f., — von gleichem Stamm mit Salz, s. d.; — eine Salzauflösung.

Sorte, f., *franz.* spr. sort, *ital.* (und *mittellat.*) sorta, — vom *lat.* sors, gen. sortis, Loos, Theil, Antheil, Schicksal =, Umstände =, Stand =, Rang eines Menschen; — die (durch Rang =, Werth =, Güte bestimmte) Art, Gattung.

Soße, f., *franz.* sauce, spr. sohs, *provenz.*, *span.* und *ital.* salse, — vergl. Salse; — eine (Salz=) Brühe, Tunke.

Spaden = Spaten, s. d.

Spalier, Spallier, n., Plur. =liere, *ital.* spalliera, *franz.* espalier, spr. espajeh, *span.* espaldéra, — *ital.* spalla, *span.* und *portug.* espalda, *provenz.* espatha (von spatula, s. Spatel), Schulter, Bug, Achsel; — (im Roman.) eigentlich Schulter, Rücklehne, daher Rückwand, Baumgeländer.

Spargel, m., *ital.* sparagio oder asparago, *lat.* asparagus, *griech.* aspáragos oder asphárago3 (ἀσπάραγος oder ἀσφάραγος), ein zur Familie der Smilaxgewächse gehöriges Liliengewächs (Asparágus officinalis). **Spergel, Spark,** m., eine zur Familie der Nieren gehörige Pflanze (Spergula arveusis, nach ihrer Aehnlichkeit mit dem Spargel benannt).

Spatel, m., Plur. gleichlaut., *lat.* spatula oder spathula, — letzt. dimin. von spatha, s. Spaten; — ein spatenförmiges Werkzeug, = Geräth.

Spaten, m., Plur. gleichlaut., — vom *lat.* spátha, *griech.* spáthē (σπάθη), ein längliches, breites Werkzeug zum Umrühren, ein Rührlöffel, ein breites Schwert; — ein Werkzeug zum Graben, Grabscheit.

Spazieren, *ital.* spaziáre, *lat.* spatiári, — spatium, Strecke, Weite, Weg, Raum; — einen Weg =, eine Strecke zurücklegen, einen Raum durchmessen, ohne geschäftlichen Zweck und ohne bestimmtes Ziel umhergehen, lustwandeln.

Speicher, m., Plur. gleichlaut., *niedersächs.* spieker, — vom *lat.* spica, Kornähre; — ein Ort zur Aufbewahrung von Aehren(früchten), ein Gebäude zur Auflagerung von Getreide und Waaren überhaupt.

Speise, f., Plur. =fen, — vom *ital.* spesa, *lat.* expensa (pecunia, Geld) (expensus, a, um, part. perf. pass. von expéndere [ex, aus ⁊c.; péndere, herabhangen lassen, wägen, abwägen, schätzen, achten, zahlen, bezahlen] [gegen einander] aus=, abwägen, ausgeben, =legen, bezahlen), Ausgabe; — ursprünglich auch die Ausgabe (besonders für Essen, daher) das Essen selbst, feste Nahrungsmittel.

Spelz oder **Spelt,** m., *althochd.* spelza, spelta, *ital.*, *lat.* spelta, eine Getreideart.

Spenden, *ital.* spéndere, — entstanden aus *lat.* expéndere, s. Speise; — aus =, zum Besten geben, austheilen (besonders Geld zu einem humanen Zweck).

Spezerei, f., Plur. =reien, *ital.* spezie, *la¹.* species, — jetzt plur. von gleichnamigem sing. (von spó= oder spicere, sehen), eigentlich das Sehen, Ansehen, der Anblick, Gestalt, Bild, Schein, Beschaffenheit, Art, Gattung, Bestandtheil ⁊c.; — Gewürze (zum Einbalsamiren, Einmachen ⁊c.).

Spiegel, m., Plur. gleichlaut., *niedersächs.* spegel, *lat.* speculum, — von specere, s. Spezerei; — eine glatte Fläche, welche das Bild eines davor befindlichen Gegenstandes wegen regelmäßiger Rückwerfung der auf sie fallenden Lichtstrahlen sehen läßt.

Spieke oder **Spiekenard,** f., — vom *lat.* spica, Aehre (vergl. Speicher); oder spica nardi (jetzt. gen. sing. von nardus, s. Narbe), Narbenähre (weil die ährenförmige Blüthe der Pflanze einen narbenähnlichen Geruch hat; — der Lavendel (s. d.).

Spinat, m., *neulat.* spinacia, — vom *lat.* spina, Stachel, Dorn; — eine zur Familie der Melden gehörige Pflanzengattung (von welcher eine Art eine stachelige Fruchthülle hat).

Spiere, f., Plur. =ren, *lat.* spiraea, *griech.* speiraia (σπειραία), — speira (σπειρα), etwas Gewundenes, Geflochtenes; — eine zur Ordnung der Rosenblüther gehörige Pflanzenfamilie.

Sponde, f., Plur. =den, *lat.* sponda, Bettgestell.

Spönseln, s. unter Gespons.

Sportel, f., Plur. =teln, *lat.* spórtula, — jetzt dimin. von sporta (verwandt mit gleichbedeut. *griech.* spyris [σπυρίς]), ein geflochtener Korb; — eigentlich ein Körbchen, dann eine darin überreichte Gabe an Eßwaaren und ein Geschenk überhaupt, jetzt Gebühren, d. i. aus freiwilligen Gaben entstandene gesetzmäßige Einnahmen eines Angestellten für einzelne Amtshandlungen.

Sprit, m., — entstanden aus *franz.* esprit, spr. espríh = *lat.* spiritus (von spiráre, blasen, wehen, hauchen, athmen, duften, dunsten), Hauch, Wind, Athem, Geist, Seele, geistige Flüssigkeit; — destillirte geistige Flüssigkeit, besonders Branntwein (von mindestens 50°).

Staat, m., Plur. **Staaten,** *mittellat.* status, — statum, 1. supin. von stare, stehen, verweilen, sich aufhalten, aufgestellt sein, anhangen, beistehen, Stand halten ⁊c.; — die in einem bestimmten Lande wohnende, von einer gemeinschaftlichen Regierung gesetzlich geleitete Gesellschaft zur Wahrung und Förderung des irdischen Wohls des Einzelnen und der Gesammtheit, auch Prunk, Gepränge.

Staar, m., Plur. **Staare,** *engl.* stare, spr. stähr, *althochd.* sturo, *ital.* storno, *lat.* sturnus, ein zur Familie der Raben gehöriger Singvogel, Sprehe.

Standarte, f., Plur. =ten, *engl.* standard, spr. stänbärd, *ital.* stendardo, *span.* estandarte, *altfranz.* estendard, *neufranz.* etendard, spr. etangdar, — vom *franz.* etendre, spr. etangder, = *lat.* exténdere (ex, aus ⁊c. [vergl. Schleuse]; téndere [*griech.* teinein, s. Ton], spannen, ausspannen, =dehnen, =recken, =strecken ⁊c.), ausdehnen, =strecken, =breiten, entfalten ⁊c.; — ursprünglich ein (sich weit ausbreitendes) großes (Reichs=)Banner, jetzt eine Reiterfahne, auch (in der Jägerspr.) die Ruthe des Fuchses und des Wolfes (deren langes Haar fahnenartig von dem eigentlichen Schwanzkörper herabhängt).

Steigen, *goth.* steigan, *griech.* steichein (στειχειν), von unten nach oben ziehen, ⹀ gehen, ⹀ wandern.

Steppe, f., Plur. ⹀pen, *russ.* stepj, ein Landstrich, welcher an sich zwar nicht unfruchtbar, aber in Folge klimatischer Verhältnisse wenigstens zeitweilig öde ⹀, wüst ist.

Stiefel, m., Plur. gleichlaut., *althochd.* stifel, *mittelhochd.* stival, *ital.* stivale, *altspan.* estibal, *provenz.* estibal, — nach Einigen vom *mittellat.* aestivale, plur. ⹀valia (aestivalis, e = dem *klass. lat.* aestivus, a, um [aestas (verwandt mit *griech.* aithos [αἶθος] [aithō (αἴθω), brennen, verbrennen], Brand, Hitze, Feuer), der Sommer], den Sommer betreffend, im Sommer geschehend, ⹀ stattfindend, sommerlich), Sommerfußzeug; nach Andern vom *lat.* tibália (vincula, Fessel) (tibális, e [tibia, Schienbein], das Schienbein betreffend, dahin gehörig), Binden um die Schienbeine (zur Erwärmung derselben); — eine Fußbekleidung mit Schäften.

Stiel, m., Plur. **Stiele**, *lat.* stilus (s. Stil), ein langer runder Stab (besonders als Handhabe an verschiedenen Geräthschaften).

Stil, m., *lat.* sti⹀ oder stylus, *griech.* stylos (στῦλος), — von stélē (στήλη) (histēmi [ἵστημι] [Wurzelwort stáō (στάω)], stellen [in Ruhe], stillstehen ⹀, Halt machen lassen, aufhalten, hemmen, still stehen, stehen bleiben, aufrichten, einsetzen ꝛc.), eine (aufrechtstehende) Säule; — (nach dem Griech.) eine Säule, ein Pfeiler, Pfahl (nach dem Lat.) ein Stamm, Stengel, Stiel (s. b.), (nach dem Lat. und Griech.) Griffel zum Schreiben und Zeichnen und das Schreiben selbst, (daher wie auch im Deutschen und anderen neuen Sprachen) die Schreibart, schriftliche Darstellungs⹀, Ausdrucksweise und Art und Weise überhaupt, auch Gebrauch, Gewohnheit.

Straße, f., Plur. ⹀ßen, *niedersächs.* straat, *ital.* strada, *lat.* (via) strata, — (via, Weg); stratus, a, um (stratum, 1. supin.) von stérnere, ausbreiten, ⹀streuen, hinwerfen, ⹀legen, ebnen, (durch hingelegte Steine) gangbar machen, bahnen, pflastern; — ein gang⹀, fahrbarer Weg (besonders zwischen zwei Häuserreihen, namentlich in einer Stadt).

Strauß, m., Plur. **Strauße**, *lat.* struthio, *griech.* strūthíōn (στρουθιών) oder strūthos (στρουθός) — strūthós, jeder kleine Vogel, besonders Sperling, und Vogel überhaupt; megálē (μεγάλη) struthos, großer Vogel; — ein zur Ordnung der Laufvögel gehöriger Vogel (Familie, Gattung und Art).

Striegel, m., Plur. gleichlaut., *lat.* strigilis, — von stringere, in der Bedeutung von streifen, leicht berühren; — ein kammartiges Schabeisen (besonders zur Reinigung der Pferde und Kühe).

Strobel, m., *lat.* stróbilus, *griech.* stróbilos (στρόβιλος), — stróbilós, é, ón (στρόβιλός, ή, όν) (strobiloō [στροβιλόω] = strobeō [στροβέω] [stréphō, s. Strofe], um⹀, im Kreise drehen), gedreht, sich im Kreise drehend; — Zirbelnuß (nach dem Griech. auch Fichten⹀, Tannenzapfen und überhaupt jeder gedrehte ⹀, gewundene ⹀ oder sich windende Körper).

Strofe, f., Plur. ⹀fen, *franz.* strophe, spr. stroff, *lat.* stropha, *griech.* strophḗ (στροφή), — stréphō (στρέφω, drehen, wenden, hin⹀ und her⹀, verdrehen, verkehren) — eigentlich das Drehen, Wenden, die Wendung, Tanzwendung und (bei den Alten) der solchen Wendungen bei einem bestimmten Tanze entsprechende vorgetragene Gesang, darnach die Verbindung mehrerer Verse zu einem metrischen Ganzen (im gewöhnlichen Leben Vers genannt, s. b.).

Summe, f., Plur. ⹀men, *lat.* summa (res, Sache), — summus, a, um, superl. von súperus, a, um (super [verwandt ist gleichbedeut. *griech.* hypér (ὑπέρ)], oben, über), oben, hoch; — die höchste Sache, Hauptsache, das Ganze, der Inbegriff, Betrag, Belauf, Gesammtzahl, besonders das Resultat der Addition, d. i. die durch Zusammenlegen zweier Zahlen gefundene Zahl. Summen, eine Summe ⹀, eine große Anzahl ⹀, eine Menge machen, ⹀ bilden.

T.

Taback, m., Plur. **-backe**, *franz.* tabac, *span.* tabaco, *ital.* tabacco, — mißverständlich aus *indian.* tabaco, Rolle, Rohr, besonders Pfeife, in welchem das fragliche Kraut (*indian.* kahiba) von den Wilden geraucht wurde; — eine zu der Familie der Tollkräuter (Solaneen) gehörige Pflanze (Nicotiana tabacum), deren Blätter zum Rauchen, Schnupfen und Kauen zubereitet werden.

Tabelle, f., Plur. **-bellen**, — vom *lat.* tabella (dimin. von tabula, Brett, Tafel (f. b.), Schrift, Buch, Register, Verzeichniß), kleines Brett, kleine Tafel. Schreib-, Rechentafel 2c.; — (Uebersichts-)Tafel, übersichtliches Verzeichniß (ursprünglich auf einer Tafel von Holz, Pappe 2c. angebracht), besonders auch auf Pappe 2c. geklebte Uebungsaufgabe für (gemeinsames) Lesen, Rechnen, Schreiben.

Tafel, f., Plur. **-feln**, *lat.* tabula, Brett, Platte, Tisch.

Taf(f)t oder **Taffet**, m., *franz.* taffetas, spr. **-taff**, *ital.* taffeta, — vom *pers.* taftah (taftan, drehen), gedreht, gesponnen, gewebt; — ein glatter, eigenthümlich glänzender Seidenstoff.

Talk, m., *franz.* talc, *span.* und *portug.* talco, *mittellat.* talcus, *arab.* ṭalaq, eine sich fettig anfühlende Glimmerart.

Talpatsch, m., Plur. **-patsche**, *ungar.* talpacs, spr. **-patsch**, — talp, Fußsohle; — Plattfuß (ein Spottname der ungarischen Fußsoldaten), ein plumper -, roher -, einfältiger Mensch, auch eine Art Ueberschuh.

Tante, f., Plur. **-ten**, *franz.* spr. tangt, *altfranz.* ante (*engl.* aunt, spr. abnt), *provenz.* amda, — vom *lat.* amita, des Vaters Schwester (der Mutter Schwester heißt matertera), — die Schwester des Vaters oder der Mutter, Muhme.

Tapezier, m., Plur. **-ziere**, *franz.* tapissier, spr. **-pißjeh**, — tapis, *franz.*, spr. **-piß**, tapete, *span.*, *portug.*, *lat.* (*lat.* auch tapes, gen. tapetis, oder tapetum, *griech.* tápēs, gen. **-pētos** (τάπης, gen. **-πητος**, oder spätere Form tápis, gen. **-pidos** (τάπις, gen. **-πίδος**), eine Decke, (in neueren Sprachen besonders) zur Wandbekleidung bestimmtes (einfarbiges -, buntes - oder gemustertes) Papier; — derjenige, welcher Wände mit Tapeten beklebt. **Tapet**, n., veraltet für Teppich (f. b.) nur noch in Redensarten, wie „aufs Tapet (d. i. zur Sprache) bringen" 2c. gebräuchlich.

Tarantel, f., Plur. **-teln**, *ital.* tarantola, eine namentlich in Tarent, *ital.* Taranto, vorkommende und darnach benannte Spinne (Lycósa tarántula), deren Biß früher sehr gefürchtet wurde, weil man glaubte, daß er Tanzwuth und Wahnsinn errege.

Tartsche, f., Plur. **-schen**, *franz.* targe, spr. tarsch, *ital.*, *portug.*, *span.* und *mittellat.* targa, *pers.* und *arab.* dark oder darkah, ein Schild von Leder oder Holz, besonders ein länglich runder Lederschild der alten Ritter.

Tasse, f., Plur. **-sen**, *franz.* e stumm, *provenz.* tassa, *ital.* tazza, *span.* und *portug.* taza, — vom *arab.* ṭassali (tassa, eintauchen), Napf, Becher; — Trinkschale, -becher (besonders für warme Getränke).

Tasten, *ital.* tastáre, — vermittelt durch die nicht vorkommende frequentative Form taxitáre von *lat.* taxáre (von tangere, berühren, streifen, treffen), scharf anrühren, durch Berührung einer Sache ihren Werth ermitteln; — berühren, fühlen (mit den Fingern). **Taste**, f., Plur. **-sten**, derjenige Theil eines Klaviers oder ähnlichen Instrumentes, welcher mit dem Finger berührt -, angeschlagen wird.

Tempel, m., Plur. gleichlaut., *franz.* temple, spr. tangpel, *lat.* templum, — von einem im *griech.* témnō (τέμνω) (Grundform tem), schneiden, enthaltenen Stamm; — ursprünglich ein Abschnitt, ein abgeschnittener Bezirk, Beobachtungskreis eines Auguren, eine dafür gewählte (und daher geweihte) Höhe, -Anhöhe, ein heiliger Ort, besonders ein dem Gottesdienst (namentlich dem Opfer) geweihtes (mit einem Altar versehenes) Gebäude, ein Gotteshaus (besonders bei den Juden und Heiden).

Teppich, m., Plur. **-piche**, *franz.* tapis, f. Tapezier; — eine Decke (einen Fußboden zu belegen oder eine Wand zu behangen).

Termin, m., Plur. =mine, *lat.* términus, *griech.* terma, gen. tórmatos (τέρμα, gen. τέρματος), Ende, Ziel, Grenze, End=, Ziel=, Grenz=, Zeitpunkt, anberaumter Gerichtstag. **Terminei**, f., ein bestimmter Bezirk.

Terpentin, m., *franz.* térébinthine, spr. =bängtihn, *lat.* terebinthina (resina, Harz), — terebinthinus, a, um, *griech.* =binthinos, on (τερεβίνθινος, ον) (terebinthus, *lat.*, *griech.* terébinthos (τερέβινθος), ein zur Familie der Sumachgewächse gehöriger Baum, Pistazienbaum (Pistacia therebinthus), den Pistazienbaum betreffend, dahin gehörig; — flüssiges Harz, harziges Oel (ursprünglich aus der Terebinthe, später aus verschiedenen Nadelhölzern, besonders aus Kiefern, gewonnen).

Terrasse, f., Plur. =sen, *franz.* Schluß=e stumm, — von terra (verwandt mit *griech.* xēros, a, on [ξηρός, α, ον], trocken, dürr], eigentlich wol das Trockne, das Land, die Erde; — Erdwall, =bank, =stufe, d. i. eine stufenweise aufsteigende Erderhöhung, auch das platte Dach auf einem Hause. **Terrine**, f., *franz.* spr. =rihn, eine große, tiefe (irdene Suppen=, Punsch= rc.) Schüssel.

Terz, Terze, f., — vom *lat.* tertius, a, um (ter [tres, s. drei], dreimal), der, die, das dritte; — (in der Musik) der dritte Ton vom Grundton.

Terzerol, n., *ital.* terzeruolo, — von terzuolo, mittellat. tertiolus (vom *lat.* tertius, s. Terz), Männchen eines Habichts oder Falken (weil einer Sage nach das dritte Junge im Neste ein Männchen ist); — Taschenpistole (vielleicht aus einem ähnlichen Grunde so benannt, wie die Muskete [s. d.]).

Teufel, m., Plur. gleichlaut., *niedersächs.* düwel, *ital.* diávolo, *franz.* diable, spr. =bel, *span.* diablo, *lat.* diábolus, *griech.* =los (διάβολος), — diábolos, on (διάβολος, ον) (diabállō [διαβάλλω] [diá (διά), durch, hindurch, durch und durch, vermittelst, wegen; bállō (βάλλω), werfen], hindurch=, hinüberwerfen, =ziehen, durchziehen, =hecheln, verleumden, beschuldigen, verhaßt machen, anklagen), verleumdend, anklagend, schmähsüchtig; — der Verleumder, Ankläger (nach der kirchlichen Anschauung ein gefallner Engel und besonders das Oberhaupt derselben und der bösen (unsaubern) Geister in der Hölle).

Thee, m., *franz.* thé (*ital.* tè, *span.* tè), *neulat.* thea, *chines.* tscha (mundartlich the), ein chinesischer Strauch (Thea chinensis), dessen Blätter und das daraus bereitete Getränk.

Thier, n., Plur. Thiere, *griech.* thēr (θήρ), ein lebendiges (sich ernährendes, vermehrendes, willkürlich bewegendes und empfindendes) Wesen der Erde.

Thor, n., Plur. Thore, — Nebenform von Thür, s. d.; — der verschließbare Eingang einer Stadt, = eines Hofes, = eines großen Gebäudes rc.

Thron, m., Plur. Throne(n), *franz.* und *engl.* throne, erst. e stumm, letzt. spr. bsrohn, *lat.* thronus, *griech.* thrónos (θρόνος), — letzt. Nebenform von thránros (θρᾶνος) (thráō, Stamm thra [θράω, θρα], sitzen), Sitz, Bank, Ruderbank; — Sessel, ein hoher Sitz, = Stuhl (gewöhnlich mit einem Schemel für die Füße), besonders ein erhöhter Sitz, = Stuhl, Sessel eines Fürsten (auf welchem er bei feierlichen Regierungshandlungen Platz nimmt, z. B. im weißen Saal des königlich-kaiserlichen Schlosses in Berlin).

Thür, f., Plur. Thüren, *griech.* thýra (θύρα), der verschließbare Eingang in einen eingefriedeten Raum, besonders in eine Baulichkeit (Haus, Zimmer, Stube rc.).

Thurm, m., *niedersächs.* toorn, *franz.* tour, spr. tuhr, *lat.* turris, *griech.* týrrhis oder týrsis (τύρρις oder τύρσις), ein Gebäude, dessen Höhe seine (gewöhnlich an Ausdehnung gleiche) Breite und Länge um ein sehr Beträchtliches übertrifft.

Tiger, m., Plur. gleichlaut., *engl.* tiger, spr. teiger, *franz.* tigre, spr. =ger, *lat.* tigris, gen. gleichlaut. oder tigridis, *griech.* tigris, gen. tigridos (τίγρις, gen. τίγριδος), — angeblich wie der gleichnamige schnell strömende Fluß (Tigris) vom *pers.* tir, Pfeil; — ein zur Katzenfamilie gehöriges (auf seine Beute rasch (wie ein Pfeil) losstürzendes) Raubthier (Felis tigris).

Jürgens, Lehnwörterbuch. 5

Tinte, ſ. Dinte.

Tirannei, f., — vom *franz.* tyran, ſpr. tirang, *lat.* tyrannus, *griech.* týrannos (τύραννος) (letzt. wahrſcheinlich Nebenform von koiranos [κοίρανος] [kyros, ſ. Kirche], Herrſcher, Gebieter, Befehlshaber im Kriege), Herr, Herrſcher, Gebieter (ehemals beſonders [in einem vordem freien Staate] ein unumſchränktes, durch kein Geſetz und durch keine Verfaſſung gebundenes Oberhaupt, daher jetzt überhaupt) ein Zwingherr, Gewaltherrſcher, ein grauſamer Herrſcher, ein Wütherich; — das Verhalten ⸗, Verfahren eines grauſamen Menſchen, ⸗ eines Tirannen.

Tirmen, — vom *lat.* termināre (terminus, ſ. Termin), begrenzen, beſchränken, beſtimmen; — widmen, beſtimmen.

Tiſch, m., Plur. Tiſche, — verwandt mit *lat.* discus, *griech.* diskos (δίσκος) (diskéō, diskō [δισκέω, δίσκω], werfen, ſchleudern), die flachrunde Wurfſcheibe, welche (von den alten Griechen) nach einem beſtimmten Ziel geworfen wurde, darnach überhaupt alles Scheibenförmige, Teller, Schüſſel; — ein aus einer auf Füßen ruhenden (oft ſcheibenförmigen) Platte beſtehendes Geräth (daran zu ſitzen oder etwas darauf zu legen).

Titel, m., Plur. gleichlaut., (*franz.* titre, ſpr. titer), *engl.* title, ſpr. teitel, *span.* und *ital.* titulo, *lat.* titulus, Ueber ⸗, Aufſchrift, (ehrenvolle) Benennung, Ehren ⸗, Amtsbezeichnung, ⸗name, Urſache, Rechtsgrund, Ausſpruch, Vorwand.

Toback = Tabak, ſ. d.

Tochter, f., Plur. Töchter, — vergl. *engl.* gleichbedeut. daughter, ſpr. dahter, *griech.* thygatēr (θυγάτηρ); — ein weibliches Kind.

Tof = Tuf, ſ. d.

Tolpatſch = Talpatſch, ſ. d.

Tomback, m., *engl.* und *franz.* tombac, *ital.* tombacco, *span.* tumbago, *portug.* tumbaca, — vom *malay.* tambāga, Kupfer; — eine (goldähnliche) Metallmiſchung (aus Kupfer und Zink).

Ton, m., Plur. Töne, *franz.* ſpr. tong, *lat.* tonus, *griech.* tónos (τόνος), — von teinō (τείνω), ſpannen, an ⸗, ausſpannen, ⸗dehnen; — das, womit etwas geſpannt, oder was ſelbſt geſpannt werden kann, die Anſpannung (beſonders der Stimme), (in der Muſik) der nach Höhe und Tiefe beſtimmte Klang, (in der Sprache) der Nachdruck der Stimme, (in der Malerei) die Miſchung der Farben, auch die Art und Weiſe des Betragens ⸗, Benehmens gegen Andere.

Tonne, f., Plur. ⸗nen, *franz.* ſpr. tonn, *provenz.* tona, — wahrſcheinlich fremden Urſprungs, obgleich die gewöhnliche Ableitung vom *lat.* tina, ein (Wein-) Gefäß anfechtbar ſein dürfte; — ein Faß, ein Maß für trockne und flüſſige Dinge.

Torkel, f., Plur. ⸗keln, *lat.* torculum, — torculus, a, um (von torquére, ſ. Torte), zum Preſſen gehörig; — die Preſſe, Kelter. **Torkeln,** hin- und hermackeln, taumeln.

Torniſter, m., Plur. gleichlaut., — unbekannter (aber wahrſcheinlich doch fremder) Herkunft; — Ranzen für Fußreiſende (beſonders für Soldaten).

Torte, f., Plur. ⸗ten, *ital., span.* und *mittellat.* torta, — tortus, a, um, part. perf. pass. (tortum, 1. supin.) von torquére, drehen, wenden, winden; — ein (urſprünglich gewundenes ⸗, gedrehtes ⸗, ringförmiges) Backwerk.

Tralle oder **Tralje,** f., Plur. bezw. ⸗len, ⸗jen, *franz.* treillis, ſpr. trehjih, — treille, ſpr. trehj (vom *lat.* trichila, eine Laube von Rohrſtengeln oder belaubten Zweigen, eine Sommerlaube), Weinlaube, ⸗geländer; — Gitter, Gatter (beſonders inwendig vor einem Fenſter).

Trem, n., Plur. Treme, *niederſächſ.* drähm, — vom *franz.* trame, e ſtumm, *lat.* trama (trameāre = transmeāre [tra = trans, jenſeit(s), über, über hinaus, hinüber, ⸗durch; meare, gehen], durch ⸗, hindurchgehen), der Aufzug (eines Gewebes), das Scheergarn; — Endſäden des Scheergarn, welche ohne Einſchlag bleiben (ehedem als Nähgarn und zu Peitſchenſchnüren verwandt).

Trenſe, f., Plur. ⸗ſen, — von trenza, ſ. Treſſe; ein (urſprünglich geflochtener) leichter Pferdezaum.

Tresse, f., Plur. =sen, *franz.* Schluß=e stumm, *provenz.* tressa, *portug.* tranca, *span.* trenza, *ital.* treccia, (spr. tretscha, — vom *griech.* tricha ($\tau\rho\iota\chi\alpha$) (von treis, tria, s. drei), dreifach; — eine (dreitheilige) Flechte, eine Schnur, Borte (besonders von Gold oder Silber).

Trompete, Drommete, f., Plur. =ten, *franz.* trompette, e stumm, *span.* trompeta, *ital.* trombetta, — Diminutivformen bezw. vom *franz.* trompe, (spr. trongp, *span.* trompa, *ital.* tromba (vielleicht zusammenhängend mit *lat.* tuba [verwandt mit tubus, eine Röhre], ein gerades, in eine trichterförmige Oeffnung auslaufendes Blaseinstrument), Jagd=, Jägerhorn; — ein schmetterndes Blaseinstrument.

Troß, m., Plur. **Trosse**, *franz.* trousse, (spr. truß, *portug.* trouxa, *span.* troxa, *provenz.* trossa, *mittellat.* trossa, *lombard.* torza, torsa (vom *lat.* torta, s. Torte), Stroh=, Heubündel; — Bündel, Pack, Gepäck, besonders Heergepäck und die dazu gehörige Mannschaft.

Trubel, m., *franz.* trouble, (spr. trubel, — vom *lat.* turbula (dimin. von turba, *griech.* týrbē ($\tau\acute{\upsilon}\rho\beta\eta$), Verwirrung, Unordnung, Getümmel, Lärm, (nach dem Lat. auch) Menge, Schwarm, Haufen, Schaar), Schwarm, Haufen, Menge (Volks); — Unruhe, Unordnung, Störung, Verwirrung, Aufregung (im Volkshaufen), Volksbewegung, =aufstand.

Trüffel, f., Plur. =feln, *franz.* truffe, (spr. trüff, *ital.* tartufo, mailänd. tartufol, *venez.* tartufola, — vergl. gleichbedeut. *lat.* tuber (von tumére, geschwollen sein), ursprünglich Anschwellung, Auswuchs am Körper, Geschwulst, Beule, Buckel, Höcker, Knoten, Knolle); — ein eßbarer Bauchpilz (Tuber cibárium).

Trumpf, m., Plur. **Trümpfe**, *niedersächs.* trumf, — verstümmelt aus Triumph, *franz.* triomphe, (spr. =ongf, *lat.* triumphus, *griech.* thríambos ($\vartheta\rho\acute{\iota}\alpha\mu\beta o\varsigma$) (von unermittelter Herkunft), Siegeszug, =feier, =freude, großer Jubel; — (im Kartenspiel) die Farbe —, ein Blatt in derselben, welche(s) die übrigen sticht (gleichsam die triumphirende Farbe —, Karte).

Trupp, m., **Truppe**, f., Plur. =pen, *franz.* troupe, (spr. trupp, *ital.* truppa, — von turba, s. Trubel; — Haufen, Schaar, Menge, Mannschaft, Gesellschaft.

Trutte, Trusche, Trüsche, f., Plur. =ten, =schen, *franz.* truite, (spr. trüht, *portug.* truita, *ital.* trota, *neugriech.* trúta ($\tau\rho o\upsilon\tau\alpha$), *mittellat.* tructa, — muthmaßlich vom *griech.* trṓktēs ($\tau\rho\acute{\omega}\chi\tau\eta\varsigma$) (trṓgō [$\tau\rho\acute{\omega}\gamma\omega$], nagen, knuppern, essen, fressen), der Nager; — die Forelle.

Tuf, Tuff oder **Tof**, m., *franz.* tuf, (spr. tüff, *portug.* und *ital.* tufo, *lat.* tofus oder =phus, eine poröse Steinart.

Tulpe, Tulipane, f., Plur. bezw. =pen, =panen, *franz.* tulipe, (spr. tülip, *span.* tulipa, tulipan, *ital.* tulipano, — vom *türk.* tulban, *pers.* tulbend oder tulband, eigentlich Musselin, der Turban, eine muhamedanische Kopfbedeckung (zu welcher ursprünglich der genannte Stoff genommen wurde); — eine Affobillenart (Tulipa Gesneriana) (nach ihrer Aehnlichkeit mit einem Turban benannt).

Turnier, n., Plur. =niere, oder **Turnei**, f., *franz.* tournoi, (spr. turnoa, *ital.* und *span.* tornéo, — tourner, (spr. turneh (vom *mittellat.* turnus) (vom *lat.* tornus, *griech.* tórnos [$\tau\acute{o}\rho\nu o\varsigma$], eine Vorrichtung, einen Kreis zu beschreiben oder vorzuzeichnen [ursprünglich vermuthlich in einem Stift und einer Schnur bestehend], ein Dreh=, Drechseleisen), drehen, wenden, umdrehen, =wenden, =kehren, eine Wendung geben rc.; — Ritterspiel, =kampf (nach den dabei ausgeführten Wendungen, Schwenkungen benannt). Turnen, Wendungen rc. machen, systematisch Leibesübungen anstellen.

Tusche, f., Plur. =schen, *franz.* touche, (spr. tusch, — toucher, (spr. tuscheh (dieses vielleicht deutschen Ursprungs), berühren, anrühren, =greifen, =fühlen, besonders Farbe auftragen; — der Farbenauftrag, die aufgetragene (Wasser=) Farbe.

U.

Uhr, f., Plur. **Uhren**, *altnord.* huro, — von *lat.* hora, *griech.* hóra (ὥρα), Zeit, Stunde; — ein Zeit=, Stundenanzeiger.

Ulme, f., Plur. **Ulmen**, *lat.* ulmus, ein zur Familie der Kätzchenbäume gehöriger Baum.

Unze, f., Plur. =zen, *franz.* once, spr. ongs, *span.* und *portug.* onza, *ital.* lonza, — wird gewöhnlich von lynx (s. Luchs) hergeleitet; — der amerikanische Tiger (eine Pantherart [Felis onca]).

Unze, f., Plur. =zen, *lat.* uncia, ursprünglich der zwölfte Theil eines Ganzen (eines Asses, eines Fußes ꝛc.), 2 Loth = $^1/_{12}$ ℔ (ehemal. Medizinalgewicht).

Urin, m., *franz.* urine, spr. ührin, *ital.* und *lat.* urina, *griech.* ûron (οὖρον), Harn.

Urne, f., Plur. =nen, *franz.* spr. ürn, *lat.* urna, ursprünglich ein Geschirr zum Wasserschöpfen, ein Topf, Krug (besonders ein Aschenkrug).

V.

Vater, m., Plur. **Väter**, *niedersächs.* faader oder sadder, *dän.* fader, *engl.* father, spr. fadfer (*franz.* pèro), *span.* und *ital.* padre, *lat.* pater, *griech.* patér (πατήρ), — als Wurzel erscheint *sanskr.* pâ, unterhalten, ernähren; — der (Ernährer) Erzeuger eines lebendigen Wesens (besonders eines Menschen).

Veilchen, n., Plur. gleichlaut., *franz.* violette, Schluß=e stumm, *ital.* violetta, *provenz.*, *span.*, *portug.* violeta, *lat.* viola, *griech.* ion (ἴον), bigammirt wion (Ϝίον), eine zur Ordnung der Guttigewächse gehörige Pflanzengattung.

Vermaledeien, s. maledeien.

Vers, m., Plur. **Verse**, *franz.* spr. wär, *lat.* versus, — versus (oder vorsus), a, um, part. perf. pass. (versum [vorsum], 1. supin.) von vértere (vórtere), kehren, wenden, drehen, übersetzen, übertragen ꝛc.; — eigentlich das Umwenden, die Furche, die Reihe beim Schreiben, Schriftzeile (wegen ihrer Aehnlichkeit mit einer Furche), besonders Zeile eines Gedichts, Absatz, Spruch (im gewöhnlichen Leben irrthümlich mit Strofe (s. d.) verwechselt.

Vesper, f., *lat.* vesper, *griech.* hespéra (ἑσπέρα), — von Hésperos (Ἕσπερος), Abendstern, Abend; — Abend, =zeit, =messe, =brod.

Vettel, f., Plur. **Vetteln**, *lat.* vetula, — vetulus, a, um (dimin. von vetus, a, um [verwandt mit *griech.* étos (ἔτος) (bigammirt vetos [Ϝέτος]), Jahr], bejahrt, alt [nicht neu, nicht jung]), ältlich, etwas =, ziemlich alt; — ein (altes) liederliches Frauenzimmer.

Vizthum, =dum, =dom, m., — entstanden aus der als Fremdwort gebräuchlichen, gleichbedeutenden Form Vicedom (vom *lat.* vice [abl. sing. von einem ungebräuchlichen vicis, Wechsel, Abwechselung, Stelle, Amt, Pflicht], an der Stelle, anstatt (in Zusammensetzungen) = Unter=, Vertretungs=, oder (bei Auflösung des Kompositums) stellvertretender, zweiter ꝛc.; dominus (von domus, s. Dom), eigentlich der Hausbesitzer, =eigenthümer, =herr, darnach Herr überhaupt, Gebieter; — ein stellvertretender Herr, = Gebieter, Statthalter, Stellvertreter eines Fürsten.

Vogt, m., Plur. **Vögte**, — vom *lat.* advocatus (advocatus, a, um, part. perf. pass. [advocatum, 1. supin.] von advocare [ad, nach, zu, an, bei, auf ꝛc.; vocare (vox, gen. vocis, die Stimme, der Ruf, Laut, Klang, das Wort, der Ausspruch, die Sprache, Rede), rufen], herzu=, herbeirufen, Prozeß führen, Jemand als Rathgeber ꝛc. gerichtlich zu Hülfe rufen ꝛc.), Rechtsbeistand, Sachwalter ꝛc.; — Vorsteher, Vorgesetzter, Verwalter, Statthalter.

Vulkan, m., *ital.* vulcana oder (wie auch im *span.*) volcano, — Vul= oder Volcánus, *lat.* (bei den Römern) der Gott des Feuers, = der Schmiede (dessen Werkstatt man sich im Aetna dachte); — ein feuerspeiender Berg.

W.

Wal oder **Wall**, m., Plur. **Wal(l)e**, *engl.* whale, spr. uähl, *lat.* balaena, *griech.* phálaina oder phálē (φάλαινα oder φάλη), ein Thier der zweiten Familie der Fischsäugethiere (das Wort ist besonders gebräuchlich in den Zusammensetzungen Wal- oder Wallfisch, -rath).

Wanne, f., Plur. -nen, *lat.* vannus, Getreide-, Futterschwinge, ein ovales Gefäß (z. B. zum Baden, Badewanne).

Weg, m., Plur. **Wege**, *engl.* way, spr. uäh, *dän.* vei, spr. wei, *lat.* via, *altlat.* veha, — vom *lat.* vehere, fahren; — die (Fahr-)Straße, der Gang.

Weiher, m., Plur. gleichlaut., *althochd.* wihari oder wiwari, — vom *lat.* vivarium (vivárius, a, um [vivus, a, um (vivere [verwandt mit gleichbedeut. *griech.* bioō (βιόω) (von bios [βίος], Leben), leben, am Leben sein), lebendig, lebend], zum Lebendigen -, zu lebenden Thieren gehörig), ein Behältniß zur Aufbewahrung lebendiger Thiere; — ein Fischteich, ein Teich überhaupt.

Weiler, m., Plur. gleichlaut., *althochd.* wila, — vom *lat.* villa, ein Landgut, -haus; — eine Anzahl ländlicher Wohnungen, welche einer Dorfschaft angehören.

Wein, m., Plur. **Weine**, *engl.* wine, spr. uein, *niedersächs.* wiin, *franz.* vin, spr. wäng, *span.* und *ital.* vino, *lat.* vinum, *griech.* oinos (οἶνος), bigammirt woinos (Ϝοῖνος), ein aus Obst (besonders aus Trauben) mittelst geistiger Gährung bereitetes Getränk.

Werk, n., Plur. **Werke**, *griech.* ergon, bigammirt wergon (ἔργον, bigamm. Ϝέργον), — Wurzel ergō, bigamm. wergō (ἔργω, bigamm. Ϝέργω), thun, verrichten, machen; — das Gethane, Verrichtete, Gemachte, Gearbeitete, die That, Verrichtung, Arbeit. **Werg**, n., der bei Bearbeitung des Flachses oder Hanfes (auf der Schwinge oder Hechel) entstehende Abfall.

Wertel, s. Wirtel.

Wespe, f., Plur. -spen, *ital.* und *lat.* vespa, eine zur Ordnung der Haut- oder Aberflügler (Immen) gehörige Insektenfamilie, -gattung, -art.

West, m., Plur. **Weste**, — verwandt mit Vesper, s. b.; — der am Abend wehende Wind. **Westen**, m., die Abendgegend am Himmel.

Weste, f., Plur. **Westen**, *franz.* veste, spr. west, — vom *ital.* vesta, *lat.* vestis, *griech.* esthēs, bigammirt westhēs (ἐσθής, bigamm. Ϝεσθής), Kleid, Kleidung; — ein Kleidungsstück zur Bedeckung des Brustkastens. **Wester**, n., Taufkleid.

Westen, s. unter West.

Wildschur, f., — vom *poln.* wlczura (wilk, Wolf), ein Wolfspelz; — ein Wolfspelz (als Kleidungsstück mit den Haaren auswärts).

Wind, m., Plur. **Winde**, *engl.* wind, spr. uind, *franz.* vent, spr. wang, *ital.* vento, *lat.* ventus, die fühlbar bewegte Luft, der Luftzug.

Winzer, m., Plur. gleichlaut., *lat.* vinitor, — von vinum, s. Wein; — Weinbauer, -Gärtner.

Wirken, — vom *griech.* ergō, s. Werk; — etwas thun, -verrichten, schaffen, arbeiten, besonders weben.

Wirsig, -sing, m., — vom *lat.* viridis, e (virēre, grünen, grün sein), grün, grünlich; viride, das Grün; viridia, plur. von viride, Grünigkeiten, (grüne) Gartengewächse; — eine Kohlart.

Wirtel, Wertel, m., Plur. gleichlaut., *lat.* verticillus, — von vertere, s. Vers; — der das Laufen befördernde Ring an einer Spindel, darnach ein ring-, kreisförmiger Blüthenstand = Quirl.

Wissen, — vergl. *lat.* visum, 1. supin. (visus, a, um, part. perf. pass.) von vidēre, *griech.* Stamm eidō, bigammirt weidō (εἴδω, bigamm. Ϝείδω, *sanskr.* vid), sehen, wissen; — etwas sinnlich wahrgenommen -, gelernt - und behalten -, durch Erfahrung oder Erlernung inne haben.

Wittwe, f., Plur. -wen, *mittelhochd.* witwe, witewe, *althochd.* witawa, wituwa, *altsächs.* widua, *lat.* vidua, — viduus, a, um, getrennt von etwas, einer Sache beraubt (besonders des Gatten), gattenlos; — eine Frau, die ihren Ehemann durch den Tod verloren und sich nicht darauf wieder verheirathet hat. Wittwer, m., Plur. gleichlaut., *lat.* viduus, ein Mann, dessen Gattin gestorben und der darnach unverheirathet geblieben ist.

Wollen, *engl.* will, spr. uill, *althochd.* wellan, *lat.* velle, — verwandt mit gleichbedeut. *griech.* bó- ober búlomai (βó- oder βούλομαι); — sich entschließen =, den Entschluß fassen, etwas zu thun.

Wurm, m., Plur. Würmer, *niedersächs.* und *engl.* worm, jetzt. spr. uorm, plur. bezw. wörm, worms, *lat.* vermis, eine Klasse der (Glieber-)Thiere.

Wüst, *niedersächs.* wöhst, — scheint, wie gleichbedeut. *engl.* waste, spr. uähst, verwandt mit dem ebenfalls gleichbedeut. *lat.* vastus, a, um; — öde, leer, unbebaut, unbewohnt, auch verwildert, lieberlich.

B.

Za(a)r, m., Plur. Za(a)re, *russ.* czar, — nach Abstammung und Bedeutung gleich Kaiser, s. d., — der Titel des russischen Landesherrn (des Herrschers aller Reußen).

Zeddel, s. Zettel.

Zelle, f., Plur. Zellen, *lat.* cella, ursprünglich ein Behältniß, darnach Vorrathskammer und dann überhaupt Kammer, Kämmerchen, bei uns namentlich ein kleines (besonders Mönchs-) Zimmer und die primäre Form eines organischen Naturkörpers.

Zentner, m., Plur. gleichlaut., — vom *lat.* centenarius, a, um (centum, hundert), hundert enthaltend, aus hundert bestehend; — ein Gewicht von 100 ʊ̄ (centum pondera).

Zerte, — wahrscheinlich vom *lat.* certus, a, um, gewiß, fest, zuverlässig, wahr; — eine Beglaubigungsschrift, welche, um ihrer Verfälschung vorzubeugen, in zwei Theile gerissen oder = geschnitten wurde, die in streitigen Fällen genau zusammen passen mußten.

Zettel, Zeddel, m., Plur. gleichlaut., *ital.* cedola, *franz.* cedule, spr. ßedühl, *portug.* und *span.* cedula, *lat.* schedula (dimin. von scheda, — verwandt mit *griech.* schidē (σχίδη) (schizō [σχίζω], spalten, theilen, zerreißen), ein gespaltenes =, abgerissenes Stück Holz, ein Splitter, Scheit; — ein (abgerissenes) kleines Stück Papier (besonders ein beschriebenes oder bedrucktes).

Ziegel, m., Plur. gleichlaut., *niedersächs.* tegel(steen), *lat.* tegola, *lat.* tegula, — vom *lat.* tégere, *griech.* stégein (στέγειν), be=, verdecken, verbergen, verhüllen, verheimlichen, schützen ꝛc.; — ein aus Thon gebrannter Stein zur Bedeckung eines Gebäudes, oder (in Verbindung mit =stein) zur Errichtung eines Gemäuers.

Ziffer, f., Plur. =fern, *franz.* chiffre, spr. schiffer, *span.*, *portug.* und *ital.* cifra, *ital.* auch cifera, — vom *arab.* çifr (çafar, leer), die (leere = nichts bezeichnende) Null, darnach Zahlzeichen überhaupt; — ein schriftliches Zahlzeichen.

Zigeuner, m., Plur. gleichlaut., *ital.* zingano, — soll im *slav.* cicha, cycha, Zelt, wurzeln, nach Andern ind. oder deutschen Ursprungs und bezw. aus Tschingani (ein ind. Volksstamm) oder Ziehgauner verdreht sein; — ein umherziehendes (in Zelten wohnendes) Volk (indisch. Herkunft).

Zilinder, m., Plur. gleichlaut., *lat.* cylindrus, *griech.* kýlindros (κύλινδρος), — von kylindō (κυλίνδω), wälzen, rollen, wickeln, herumdrehen; — Walze, Rolle, ein walzenförmiger Körper.

Zimbel, f., Plur. =beln, *lat.* cymbalum, *griech.* kýmbalon (κύμβαλον), — von kýmbē, s. Kumme; — ursprünglich ein aus zwei hohlen Metallbecken bestehendes musikalisches Instrument, jetzt besonders der Stern (das Klingspiel, zusammenstimmende Glöckchen) in einer Orgel.

Zimmt, m., *lat.* cinnamum oder cinnamomum, *griech.* kínnamon oder kinnámōmon (κίνναμον oder κιννάμωμον) = Kaneel (f. b. und Kanal).

Zink, m., — wahrscheinlich eine Nebenform von Zinn, f. b.; — ein (zinn‑ähnliches) Metall.

Zinn, n., *niedersächs.* tinn, *engl.* tin, *franz.* étain, spr. etäng, *altfranz.* estain, *span.* estano, *ital.* stagno, spr. stanjo, *mittellat.* stagnum, *lat.* stannum, — letzt. ursprünglich eine (aus Silber und Blei bestehende) Metallmischung; — ein weißes Metall.

Zinnober, m., *franz.* cinabre, spr. ‑ber, *ital.* cinabro, *span.* cinabrio, *lat.* cinnabaris, ‑bari, *griech.* kinnábaris, ‑bari (κιννάβαρις, ‑βαρι), ein aus Quecksilber und Schwefel zusammengesetztes rothes Mineral.

Zins, m., Plur. Zinsen, *franz.* cens, spr. ßang, — vom *lat.* census (censum, 1. supin. von censere, den Werth einer Person oder Sache prüfen, ‑ schätzen, beurtheilen), Schätzung, Schatzung, Steuerbetrag; — Abgabe für die Nutznießung einer Sache, (im Plur. besonders) die nach hundert (im Jahre) (pro cent[um] [pro anno]) berechnete Vergütung für geliehenes Geld (Kapital).

Zipresse, f., Plur. ‑sen, *lat.* cupréssus oder cyparissus, *griech.* kypárissos (κυπάρισσος), ein zur Ordnung der Nadelhölzer gehöriger Baum.

Zirbel, f., — von *ital.* cerro, *lat.* cerrus, eine Art Eiche; — die Frucht einer nach ihr benannten Kieferart (Pinus cembra).

Zirkel, m., Plur. gleichlaut., *franz.* cercle, *engl.* circle, spr. beides ßerkel, *lat.* circulus, dimin. von circus, *griech.* kirkos (κίρκος), Kreis, ‑linie, ein Werkzeug zur Bildung von Kreisen (im letzt. Sinne ist die *lat.* Bezeichnung circinus, *griech.* kirkinos [κίρκινος]).

Zifer, f., Plur. ‑fern, nach Ableitung und Bedeutung = Kicher, f. b.

Zisterne, f., Plur. ‑nen, *lat.* cisterna, — vom *lat.* cista, f. Kiste; — eine ausgemauerte Grube zum Auffangen und Aufbewahren von Regenwasser.

Zither, f., Plur. ‑thern, *franz.* cithare, e stumm, *lat.* cithare, *griech.* kithára (κιθάρα), — nach Einigen vom *pers.* ciar, vier, und tar, Saite; — ein viersaitiges musikalisches Instrument.

Zitrone, f., Plur. ‑nen, *franz.* citron, spr. ßitrong, *lat.* citreum (malum, Apfel), *griech.* kitron oder kitrómēlon (κίτρον oder κιτρόμηλον) (mēlon = malum, f. o.), die Frucht eines darnach benannten, zur Familie der Goldäpfel gehörigen Baumes (Citrus medica).

Zits, f. Zitz.

Zitwer, m., — hindust. Ursprungs, — eine zur Familie der Amomgewächse gehörige Pflanze (Curcuma zerúmbet) und ihre Wurzel. Anm. Zitwersamen (semen cinae) ist der Same einer Beifußart (Artemisia contra) im Orient.

Zitz, m., Plur. Zitze, *engl.* chints, spr. tschints, *hindust.* chhint oder chits, eine Art Kattun.

Zobel, m., Plur. gleichlaut., *russ.* sobol, eine Marderart (Mustéla zibellina) in Sibirien.

Zoll, m., Plur. Zölle, scheint zunächst entlehnt aus *mittellat.* tolnétum = *lat.* telonéum oder telónium, *griech.* telōnion oder ‑neion (τελώνιον oder ‑νεῖον) (télos [τέλος], zunächst Ende, Ziel ꝛc., aber auch Abgabe, Steuer, Tribut; ṓnios, on [ὤνιος, ον] [ōnéomai (ὠνέομαι), kaufen, erkaufen, pachten], käuflich; ṓnia [ὤνια], plur. von ṓnion, käufliche ‑, Kauf‑ [Markt‑] Waaren), Zollhaus; — eine gesetzliche Abgabe auf Kaufwaaren.

Zucker, m., *niedersächs.* sucker, *engl.* sugar, spr. schögger, *franz.* sucre, spr. sükker, *ital.* zucchero, *lat.* sáccharum, *griech.* sákcharon, ‑chari, ‑char (σάκχαρον, ‑χαρι, ‑χαρ), *arab.* sokkar, *tibet.* sakar, — letzt. = sa kar soll weiße Erde heißen; — ein aus Kohlen‑, Wasser‑ und Sauerstoff zusammengesetzter krystallisirter, süßer Stoff.

Zwei, früher zween, zwo, *niedersächs.* twee = twee, *engl.* two (spr. tu) = tuo, *lat.* duo, *griech.* dýo (δύο), die zwischen eins und drei stehende Zahl.

Zwetſche — Abkürzungen.

Zwetſche, f., Plur. =ſchen, *niedersächs.* zwitsch, — vielleicht aus Quitte (ſ. d.) entſtanden; — eine (urſprünglich vielleicht quittengelbe) Pflaumenart (Prunus domestica).

Zwiebel, f., Plur. =beln, *niedersächs.* sippel, *franz.* ciboule, ſpr. ßibuhl, *ital.* cipolla, *span.* cebolla, *lat.* ce= oder caepulla, — letzt. dimin. von ce= caepa oder =pe; — eine Art Lauch und ihre (aus über einander liegenden Häuten beſtehende und darnach auch eine ähnliche) Wurzel.

Abkürzungen.

angelsächs. = angelſächſiſch.
a, um = weibliche und ſächliche Endung lateiniſcher Eigenſchaftswörter (dreier Endung).
act. = activi, der Thätigkeitsform.
äol. = äoliſch.
arab. = arabiſch.
chald. = chaldäiſch.
bezw. = beziehungsweiſe.
dän. = däniſch.
dimin. = diminutivum, Verkleine= rungswort.
dor. = doriſch.
e = ſächliche Endung lateiniſcher Eigen= ſchaftswörter (zweier Endung).
f. = femininum, weiblich.
franz. = franzöſiſch.
gael. = gaeliſch.
gen. = genitivus, 2. Fall.
griech. = griechiſch.
hebr. = hebräiſch.
hindust. = hinduſtaniſch.
holländ. = holländiſch.
ind. = indiſch.
isländ. = isländiſch.
ital. = italieniſch.
kelt. = keltiſch.
kirchenlat. = kirchenlateiniſch.

lak. = lakoniſch.
lat. = lateiniſch.
m. = masculinum, männlich.
mittellat. = mittellateiniſch.
n. = neutrum, ſächlich.
neulat. = neulateiniſch.
niedersächs. = niederſächſiſch.
part. = participium, Mittelwort.
pass. = passivi, der Leidesform.
perf. = perfecti, der Vergangenheit.
pers. = perſiſch.
Plur., plur. = Plural, pluralis, Mehrzahl.
poln. = polniſch.
portug. = portugieſiſch.
praes. = praesentis, der Gegenwart.
provenz. = provenzaliſch.
russ. = ruſſiſch.
ſ. d. = ſiehe dieſes.
sanskr. = ſansritiſch.
sing. = singularis, Einzahl.
slav. = ſlaviſch.
span. = ſpaniſch.
spätlat. = ſpätlateiniſch.
ſpr. = ſprich.
supin. = supinum.
tartar. = tartariſch.
ungar. = ungariſch.